屈穎妍

作家、時評人。

曾任《壹週刊》副總編輯、香港浸會大學新聞系兼任講師，現爲香港電台教育節目主持及《頭條日報》、《大公報》、《經濟通》、《亞洲週刊》、《港人講地》、《HKGPao》等報刊及網站專欄作家。

著作有：

時評集《既是紅底又如何》、親子叢書《怪獸家長》系列、傳記文學《石破天驚》、《火樹飛花》、《咸酸苦辣甜》、《由劏房小子到中東王子》等幾十部作品。

一場集體催眠

屈穎妍　著

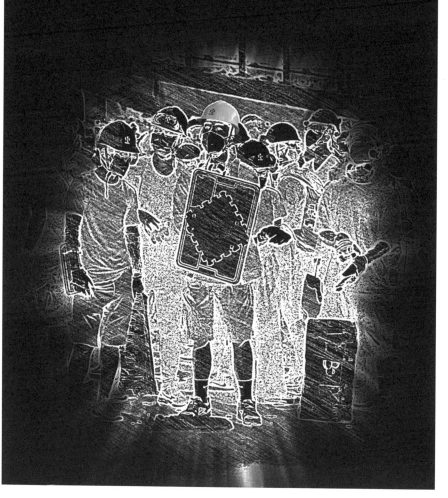

大公報出版有限公司

自序

　　五年前香港發生佔中事件，社會從此分裂爲黃藍兩種顏色。記得那年，藍色同溫層的朋友聚在一起會說：哎呀，這佔中揭示了香港教育有問題、司法出問題、傳媒大問題⋯⋯原來香港有這麼多問題教師、問題校長、問題律師、問題法官、問題社工、問題牧師、問題記者、問題老總、問題官員、問題醫護⋯⋯原來，原來表面繁華的香港，內臟已爛，百病纏身。

　　說著說著，又五年了。

　　五年後因爲一條跟全港市民 99.999% 沒關係的逃犯條例修訂，竟然演變成一場黑衣暴亂，這風暴的破壞，百倍於五年前的佔中，影響 99.999% 香港市民，社會再度分裂，藍黑之爭，已勢成水火；好友決裂、家庭反目，已成常態。

　　於是，藍營朋友圍爐檢討時又在說：原來學校這麼爛、政府這麼爛、司法這麼爛、教會這麼爛、媒體那麼爛⋯⋯

　　是的，這些話，我們五年前已講過，因爲五年前說完反省完檢討完沒人動手處理，於是五年後，一切捲土重來，還變本加厲。如果，今天我們呻完怨完分析完，又再如常生活去，政府又再以爲黑暴退去問題就消失了，我敢預言，五年之後，另一種顏色的暴亂將再出台，又或者，根本不需等五年。

想想今天在街上擲磚襲警砸店的孩子，五年前應該只是個小學生。如果，五年前佔中發現問題後社會各層面開始動手術，這些孩子，今日未必會成為街上暴徒。因為五年，足夠讓黃老師黃學校洗掉一代學生的腦。

　　反對派厲害的地方，是邊說邊做，甚至做了才說，錯了修正，勝了追擊。建制派卻剛剛相反，開會研究寫報告，做嘛，再看著辦吧。至於政府，不做不錯是宗旨。

　　五年了，香港還能承受幾多個動亂的五年？大家動手做吧，有權者有能者是時候為香港動個大手術，我一介文人能做的就是留住歷史。就先從最簡單的記錄開始，這場黑色暴亂，不該只有黃色的聲音，三十年後的人回看今天，有權知道這大時代的真實面貌，故集文成書，記錄這個黑暴下的悲情故事。

2020 年 2 月

序

自 2019 年 6 月以來，反中亂港勢力借反修例之名發動曠日持久的黑色暴亂，暴徒視法律如無物，打著爭取「民主自由」的旗號，實質奉行「逆我者亡」的獨裁霸道，用暴力剝奪廣大市民過安定生活的基本人權和自由。一些人甚至公然鼓吹「港獨」，肆意侮辱國旗、國徽和區徽，公然挑戰國家主權和「一國兩制」原則底線，其氣焰之囂張、行徑之惡劣，令人義憤填膺。

持續不斷的暴力活動導致社會動盪、法治受損、民生受創，令「東方之珠」蒙塵，香港面臨自回歸祖國以來最嚴峻的局面。

事件的發生及發展，存在各種深層次的複雜原因，但一些反中媒體和無良文人枉顧事實真相，發佈惡意中傷的報導和評論，無疑起到推波助瀾、為虎作倀的效果，將香港社會一步步推向沉淪的深淵。

這些連篇累牘、觸目驚心的歪曲言論，捨客觀而取偏見，捨聲譽而取罵名，信口雌黃，顛倒黑白，移花接木，混淆視聽，捕風捉影，製造謠言。這已經不是簡單的違背事實，而明顯帶有欲蓋彌彰的政治禍心。

邱吉爾曾經說過，「當真相在穿鞋的時候，謊言已經跑遍了全城。」面對這種紛繁複雜的輿論環境，在關乎香港前途命運的大是

大非的問題上，迫切需要一些有良知的傳媒機構和評論員，擦亮眼睛、堅定立場、積極發聲，用實際行動向一切損害香港繁榮穩定、挑戰「一國兩制」原則底線的行爲堅決說不！

屈穎妍女士正是這樣一位令人尊敬的積極發聲者。香港修例風波期間，作爲香港資深媒體人、知名專欄作家，屈穎妍女士始終秉持冷靜、反思、探究的態度，以敏銳的視角和犀利的筆觸，揭示眞相，激濁揚清，發掘表象之下的深層次根源，呼籲民眾放下偏見，消除戾氣，共同維護法律的公正與威嚴，爲止暴制亂、恢復秩序凝聚廣泛的社會共識。

她的文章觀點鮮明，邏輯清晰，切口較小，貼近民心，明快兼具深刻，尖銳不失理性，以及時、深入、針對性極強的剖析，對社情民意予以深度觸及和引導，讀罷常有一針見血、酣暢淋漓之感，令人掩卷叫絕。

更令人敬佩的是，面對反中亂港媒體及無良文人的非議、攻擊乃至恐嚇，屈女士始終堅定立場，從未畏懼退縮，做到「不畏浮雲遮望眼」、「亂雲飛渡仍從容」，繼續「守心、守德、守責」，鐵肩擔道義，妙手著文章，在眾聲喧嘩中發出愛國愛港之強音，爲正義發聲，爲香港發聲，爲「一國兩制」事業發聲。

此番將其在大公報開設的專欄「妍之有理」相關作品集結成冊，正是希望廣大讀者尤其青年一代，能從其筆下讀懂毀譽忠奸、是非曲直；能自覺與暴力割席，支持特區政府及香港警隊依法懲暴，弘揚正氣，匡扶正義；能珍視當下，看清未來，拓寬視野，融入大局，牢固樹立「一國」意識，正確理解「兩制」內涵，培養「國興則我興，國榮則我榮」的家國情懷，堅定站在維護香港繁榮穩定的第一線。

　　從小漁村到國際大都市，香港櫛風沐雨、砥礪前行的發展歷程告訴我們，前進的道路不可能一帆風順，有時難免會經受挫折、遭遇風雨，但相信只要全體港人萬眾一心，明確方向，以信念為舵，以勤奮作槳，就一定能抵達理想之彼岸。

　　是為序。

大公報出版有限公司

2020 年 2 月

目錄

第二章　警察的名字不是神

第三章　**一個叫「没大台」的後台**

第四章　**獨立的滋味**

後 記

第一章

有一種無良叫政棍

秦始皇統一了度量衡，但反對派政棍卻一直拿著雙重標準的伸縮尺。

說好無畏無懼，找數時卻又畏又懼，要革命，卻不願付出代價。

從煽動「佔中」到鼓吹「勇武」，他們用崇高的形容詞去美化罪行，催眠暴徒，把一代青年引上反政府、反社會之路。

今天，就讓我們好好認清這些人的嘴臉。

1. 何韻詩的師傅不是梅艷芳，是……

我想，何韻詩的演藝事業最巔峰應該在此刻，站在瑞士日內瓦聯合國會議室內發言，促請聯合國人權理事會把中國除名。

一個藝人淪落到要用叛國來爭取鎂光燈聚焦，對她個人來說，是可悲的；對國家民族來說，是可恨的；對香港人來說，是可恥的。

11 歲便隨家人移民加拿大，至今仍拿着加籍的何韻詩，自從回港參加第 15 屆新秀歌唱大賽奪冠後，便開始她在香港的演藝事業。同期的陳奕迅，容祖兒，楊千嬅今日已是天王巨星了，但何韻詩幾十年來卻仍在娛樂圈載浮載沉。

仍有人認得她，是因為何韻詩一直活在別人陰影下。唱歌時，大家會說這是梅艷芳的唯一女徒弟；演戲時，人人都誤認她是盧巧音。叫你隨口哼幾支何韻詩首本名曲，我相信問十個香港人九個半連歌名都想不出來，42 歲仍沒有代表作，何韻詩的星途本來應該到此為止，直至那年，她在金鐘「佔領地」撐起一把黃傘……

從此，何韻詩成了黃絲帶的偶像，從此，她的舞台轉到了街頭，最近一次高峰更是在聯合國。

一個連香港娛樂圈都代表不了的落泊歌手，竟然可以站在日內瓦代表香港人發表人權宣言，大家終於見識到，原來聯合國這麼兒戲。

兒戲的，還有香港人。一個拿着加拿大護照的藝人，大學讀了一

半就回來唱歌，半紅不黑了幾十年，終於找到一個政治位華麗轉身成爲民主女神，從此月旦國事家事天下事，竟然有人信還有追隨者。然而，追隨者是否知道，他們追捧的民主女神，又追隨了什麼人？

何韻詩的樂壇師傅，是已過世的梅艷芳，但她的政壇師傅，卻是逃離中國的達賴喇嘛。達賴是什麼人？香港教科書沒有教，九成九香港人對他一無所知，以爲他是一個投奔西方民主自由社會的西藏喇嘛。

在西方國家四處演講的達賴我們見得多，但未離開中國的達賴你們又見過未？幾年前聽過專研中國歷史的退休總警司曾財安先生關於西藏的演講，回去翻查史料，看到達賴的驚人過去。

距今不遠，只是 68 年前，因爲政教合一，達賴是當時西藏的最高統治者，在他掌權的九年間，西藏仍有佔人口 90% 的農奴，是全世界唯一僅存的奴隸社會，即是說，達賴是世上最大的奴隸集團首領。

農奴除了受貴族及大喇嘛這些奴隸主勞役，做錯事的懲罰也異常恐怖。斬手斬腳挖眼割舌是常事，最重刑是活剝人皮。他們剝皮不用刀，而是用水銀，在身體切開一個缺口，將水銀灌進皮膚和肌肉之間，水銀有重量也有毒，慢慢皮肉會分開，剝皮後奴隸不會立即死去，殘酷程度難以想像。

當時中央政府一直要廢除農奴制，但達賴和一班奴隸主卻諸多阻撓，結果 1959 年西藏發生叛亂，達賴帶同六、七百隨從、官員及親屬逃亡海外，當時他就帶走了 67 件人皮製品及人骨法器，用來送給收容他的西方國家。史書記載，達賴送給美國政府的，是兩塊全世界最美

的人皮，除了剝得精準，更因爲人皮上繪了西藏佛像的唐卡畫。

血腥的手，在西方包裝下，一轉身變成民主的神。幾年前，何韻詩拜見達賴時就握着這雙把玩人皮的手説：「我被你馴服了。」

讀過達賴的過去，看看今天站在聯合國演講的達賴徒弟何韻詩，是否開始起了鷄皮疙瘩？是否仍相信西方舞台真有是非善惡？

2019 年 7 月 12 日

2. 幕後首腦的名字

親子專家說，一個孩子會寵，兩個孩子學愛，三個以上就要管。

不難明白，因爲如果父母和孩子的比例是二對一，寵是正常的；若比例提升至二比二，一切就會以公平作爲教養標準；然而，只要家中孩子多於三個或以上，父母就要學懂管，孩子就要學妥協，因爲三人以上的世界不會再有絕對公平，父母一人抱一個，就會有一個孩子落單，投票吃漢堡包還是 Pizza，總會有少數服從多數的畫面。

我家有三個孩子，連父母加起來五個人就成了一個小社會，十多年來大家都在學妥協、學管理，我們不會說「兄弟爬山，各自努力」，因爲這代表什麼也做不成。一個小社會一定要協作，有人決定、有人和議、有人服從，才能事成。

所以，黑甲由搞「時代革命」強調的「無大台、無領袖」，真是傻瓜才會信。一家人出遊先去看花還是看海都會有歧見，更何況幾萬人同一時間攻擊警隊、癱瘓社會，沒人發號施令？全是市民自發？香港人幾時變得如此天真？

那天 8．18，「甲由革命」又搞終極晒冷大遊行，爲了爭取國際曝光，據說「連登仔」發起了眾籌登全球廣告，並落實於 13 個國家及地區共 18 份報章刊登，包括英國、美國、加拿大、法國、德國、瑞典、西班牙、芬蘭、丹麥、澳洲、日本、韓國、台灣，賣的是「警察恐怖

襲擊」、「香港人受暴力非人道對待」等謊言。

已公布的 18 頁廣告，共有 18 種排版、18 個內容，完全沒重複，還用上當地語言，你說「無大台、無領袖」？誰信？

這種攻勢，其實 6 月 G20 峰會時已用過。當時也是由「連登仔」發起眾籌，號稱籌了五百多萬港元，結果在英國《金融時報》、美國《紐約時報》、德國《南德意志報》等十多個國家賣頭版全版廣告反逃犯條例。

先別說那些不同語言的廣告設計、核數等細節，單是聯絡這些全球最知名國際報章都是問題，還要搶得同一天頭版廣告位，這已非一個政府甚至一個國家可以駕馭之事，連登仔？只懂說粗口的連登仔可以如此號令天下？信的人，大家都要懷疑他的智商。

還有一點，就是你以為這些國際大報有錢就能使鬼推磨？說笑罷了，據說單是《紐約時報》一個政治頭版的審批就起碼要一個月，否則拉登都可以賣廣告，更何況十幾國大報一齊刊登，那種政治能量，會是連登仔可以辦到？「成件事無大台，在連登你一句、我一句就成事了」，這種說法，你還信嗎？

終於明白，原來是我們誤解了，「呂由革命」一直有領袖，他的名字就是叫：「無大台」。

2019 年 8 月 21 日

3. 監獄超市

愈來愈覺得香港這幫反對派真的要拿諾貝爾獎，因爲他們成功把人類價值觀徹底摧毀，一些幾千年來全世界約定俗成的觀念，他們可以用花言巧語就顛覆了，而且還騙到不少信徒。今日要說的其中一例，叫做監獄。

監獄讓你想起什麼？鐵閘、鐵柵、四道牆、一張床，還有清一色的囚衣、一樣的飯餸、規定的作息……因爲，這裏是接受處罰的地方，當社會進步了、人類文明了，不人道的杖刑、笞刑、問吊、車裂、犬噬、凌遲通通被取代，懲罰只剩下一個方法，就是剝奪犯罪者的自由，讓他們遠離世俗影響、心如止水地好好反思過錯。所以監獄一定不會像家般溫馨，更不會像酒店般舒適。

不知道世界上有沒有監獄的比較和排名，如果有的話，我相信香港監獄就算不排第一都會名列前茅。爲什麼？因爲這天我看到剛進監牢的佔中罪犯邵家臻，在《蘋果日報》刊出他的「獄中書簡」，提到監獄小賣部竟然有止汗劑和驅蚊貼，就知道香港懲教署的照顧實在無微不至。

不過，人是貪婪的，得一就會想二，你對他好不等於他會多謝你，如果懂得感恩就不會成爲罪犯，所以邵家臻的書簡竟對獄中生活有這樣的投訴：

「以為有小確幸，例如小食應可對刻板生活稍稍調味，奈何小賣物品名單雖有足足 72 項，但除了止汗劑和驅蚊貼之外，其他 70 項都是千載不變……咖喱牛肉粒、齋燒鵝、魷魚絲、椒鹽花生、南乳花生、什錦果仁、蘭花豆、粟米片、九製陳皮、紅薑、夾心餅、鮮果薄酥、威化餅、芝麻梳打餅、奶鹽梳打餅、消化餅、香蔥薄餅……除了牌子改變，其他一切就密不透風，千載不變。」

多謝邵家臻告訴我，原來坐監還有得吃零食，原來監獄的零食選擇比學校小食部還要多。被電影誤導，我一直以為坐牢除了一日三餐外，就只得橙和香煙，今日才知道，原來花生都有兩種、餅乾都有六種，誰知邵家臻竟然不滿意，大概他要爭取在監獄開間超市。

至於陳健民的獄中書簡則這樣寫：「市區是 20 度，在山上的壁屋監獄只有 17 度，一換季便轉涼……無論清早從監倉到工場，或者晚上回去監倉，大家都在淒風苦雨中匍匐而行，很是艱難……」

住在山上，17 度，風涼水冷，空氣清新，陳健民竟然說：淒風苦雨。連 17 度都嫌冷，就不要學人搞革命了，紅軍當年長征攀雪山，面對的是零下 17 度，陳健民 17 度就嗌救命，冬天跌到 7 度時怎算了？

印度聖雄甘地說過，搞抗爭只有兩個結局，一是進監牢，一是進墳墓。佔中幾個頭目自坐監以來，幾乎天天發表獄中書簡，無病呻吟。

呻到無事可呻，就連 72 種小食選擇都埋怨，他們到底知不知自己正在坐牢？明不明白什麼叫監獄？

　　想深一層，世上哪個監獄可以讓囚犯天天在臉書刊文章、日日在報章發議論？香港懲教署的人權與自由，真該要拿個世界第一了。

　　　　　　　　　　　　　　　　　　　　　　2019 年 5 月 24 日

4. 仁慈的鯊魚

民建聯漁農界立法會議員何俊賢看到「佔中」罪犯陳淑莊在判刑日忽然腦瘤，在臉書發帖說：「一到找數，個個都身患絕症。你玩晒啦～～～」

何議員說的，正是大部分香港人的心底話。不過，出頭鳥自是第一時間當災，何的帖文一出，反對派打手立即如鯊魚見血，群起圍噬。網上攻擊、黃媒發箭，「惡毒」、「涼薄」……什麼形容詞都用盡，最後口徑一致地罵：「佢唔係人！」

我奇怪，當《蘋果日報》李怡撰文叫病逝的人大代表王敏剛做「吻肛」，當教育大學學生貼上大字報恭賀副局長喪子，這些仁慈的鯊群，你們在哪裏？你們怎麼半聲不哼？怎麼還吶喊支持？怎麼不直斥一句：「你唔係人！」

為什麼你罵人，就是言論自由；人罵你，就是涼薄冷血？秦始皇年代不是已統一了度量衡嗎？怎麼今日你手上還是拿着不同算法的伸縮尺？

市民看不過眼的，不是陳淑莊的腦瘤、不是邵家臻的糖尿、也不是朱耀明的腸病，大家鄙視的，是你們的膽識、你們的氣節。

說好的無畏無懼呢？找數的日子，我們只看到一個個又畏又懼。如果你們真的是在搞革命，請給大家看看一個革命者的氣度。

秋瑾之所以爲後人讚頌，是因爲她被五花大綁處斬時，只昂首丟下一句「秋風秋雨愁煞人」，她没有求饒、没有痛哭、更没有左躲右避。毛澤東把兒子送上抗美援朝戰場，最後兒子死在異鄉炮火下，毛一言不怨、一淚不下，這就是革命，這就是代價。

如果這班「佔中」頭目能昂然勇猛拍心口説：我不入監獄誰入監獄？大家還會對他們有半分敬佩。現實卻是，九犯出盡絕招避牢獄之判，氣若柔絲博社會同情，喊苦喊怨動大衆惻隱，這種政治戲子，對不起，我們看不起。

朱耀明説，質疑陳淑莊病況的人欠缺憐憫之心，那請問朱牧，作爲神職人員，看到因「佔中」毀掉的商户、撕裂的家庭、受傷的執法者……你又可曾心生憐憫？

我没有信仰，但我相信蒼天有眼，誰以祂的名行不義，即使逃得過地上審判，也躲不掉上天嚴懲，無力的香港人，等着瞧吧！

2019 年 4 月 28 日

（原文刊登於「港人講地」）

5. 傻子，你已成爲別人的博士論文

　　朋友的兒子這幾天一直足不出户窩在家，電話響、門鈴響就一臉神經兮兮。朋友還發現垃圾桶忽然多了一包棄置的衣服鞋襪，問兒子，他説是不小心踩落坑渠弄髒了，洗不掉污跡，乾脆丟掉。

　　朋友開始懷疑，兒子是不是那天打爛立法會的其中一個暴徒，「我不敢問，怕知道真相。」

　　警方的搜捕已展開，活在這種恐懼狀態的人相信不只朋友一家，那天衝擊立法會的暴徒定必也心緒不寧，尤其聽到，有傳當日闖入立法會議事廳發表宣言的領頭羊梁繼平已逃往美國。

　　對，人家已成功着草了，你還在家中發抖嗎？

那天，這個叫梁繼平的 25 歲年輕人站上議員桌上，拉下口罩，向暴徒發表講話：

　　「如果我們撤離，我們明日就會變成 TVB 口中的暴徒，他們會拍攝立法會的頹垣敗瓦、一片凌亂，然後指摘我們是暴徒。所以我們不能割席，要贏，就一齊繼續贏下去；要輸，我們就要輸十年，我們的公民社會將會有十年永不翻身，學生會被捕，領袖會被捕……所以我們要一起佔領立法會，這裏愈多人就愈安全，警察不可以在這裏放催淚彈、不能用警棍，所以我們要呼籲外面的人進來一起佔領，我們已沒法回頭，佔領立法會是一世只得一次的機會……我除下口罩，就是要大家知道，香港人真的不能再輸！」

　　原來，他們一早知道，自己是暴徒，知道這頹垣敗瓦一定換來社會唾罵。所以我不明白，為什麼還有這麼多人為暴徒的暴行開脫，「打爛幾塊玻璃而已」、「在雪櫃拿了飲品都放下錢」，正如政論網紅「華記」所言：「他們只是用小恩小惠，去掩飾自己的罪大惡極。」

　　同理，他們也用美麗謊言去掩飾自己的自私自利，像梁繼平這種人，為什麼他肯拉下口罩？你以為他英勇他豁出去他義無反顧？非也，他根本志不在此地，那一下亮相，是他的政治籌碼。

　　梁繼平畢業於港大政治學及法學院，拿了雙學位，曾出任 2013 至 14 年港大學生刊物《學苑》總編輯，當年他主編的《香港民族論》專輯，敲響了「港獨」思潮，被時任特首梁振英在施政報告點名批判。那時候，許多人還看不透這個香港腐爛的源頭，還批評 CY 小題大做。

多年後，「港獨友」梁繼平已經像去柏克萊的周永康和去耶魯的羅冠聰一樣，他現在是華盛頓大學政治學的博士生了，而這個攻擊立法會遊戲，看來只是他回港爲自己增添履歷內容的暑期活動而已。七一衝擊完翌日，梁繼平已回家執拾行李，直飛台灣，跟太陽花運動策劃人見面後，已平安回到美國了。

　　拿着這「成功帶領學生衝擊立法會」的戰績，他在華盛頓大學的博士論文大概已可寫成，他的美國政治庇護身份亦將落實。扯下口罩，原來是用來拿政治庇護時證明身份，圍在旁邊的傻仔，你們已成了梁繼平的政治棋子，成了他博士論文的群眾演員了。

2019 年 7 月 8 日

6. 嘆著奶茶逃亡去

我第一天上班當記者，上司就教我採訪守則。

因為我是半途出家，沒唸過新聞系，沒學過採訪技巧，更沒到過報館實習，於是上司千叮萬囑送上錦囊，先教我什麼界線是不可逾越的。我好記得，第一條守則，就是已進入司法程序的案件一律不能採訪。任何案件，一旦落案檢控，直至法庭判決出來前，只能描述案件狀態，不能作任何主觀報道，如專訪、評論，否則屬於藐視法庭。因為只要牽涉案件當事人或證人的訪問，必定會產生情感效果，影響法庭判決。

2013 年，《蘋果日報》及已停刊的《爽報》在一宗大角咀兒子弒雙親碎屍案進入司法程序後，派記者訪問嫌疑犯並刊登他的犯案過程，結果兩報的總編輯及採訪的記者均被律政司控告藐視法庭，共罰款 55 萬。

當時代表律政司的資深大律師翟紹唐這樣說：當傳媒「去得太盡」時，便會把報紙「淪為審訊之地」，危害司法公義，後果可以十分嚴重及持久。

有守則、有例證、有法律理據，我以為，這是新聞工作者共同認識的紅線，然而……一切社會價值、行業守則，都在「佔中」那句「違法達義」之後，一一砸碎，這條新聞紅線也不例外。

於是，「佔中」案未判，我們竟看到媒體鋪天蓋地的訪問，有問陳健民打算帶什麼進監牢？有把朱耀明捧成十字架下的神……作為官

媒的香港電台，更成了「佔中」喉舌，早上請兩個罪犯去講感受，黃昏又請兩個被告去哭訴，電視部爲罪犯拍特輯，鏡頭都是浪漫的，對白都是濫情的。

我驚訝，一宗未判的案，爲什麼可以如此公開歌頌罪犯？爲什麼被告可以不避諱說自己無罪？不是說藐視法庭嗎？說好的新聞守則呢？爲什麼全香港媒體可以視法律如無物？在法庭裁決出來之前，把罪犯捧成英雄，而律政司卻半聲不哼？

這完全顛覆我對新聞的認知，違法達義，原來是跨界別的。

另一種顛覆，是新聞用字。最近一輯港台時事節目《鏗鏘集》，專訪了銅鑼灣書店的林榮基，幾份黃媒也報道了他的動向。這個曾在內地犯法的罪犯，說是害怕逃犯條例修訂，決定離開香港，流亡台灣。

我沒讀過新聞系，但我是修中國文學的，中文字，算是有點研究。流亡，應該是沒身份、沒證件、或者被通緝回不了家，只見記者跟着林榮基去機場，拿着香港身份證、特區護照成功過關，再飛到台北，順利入境，然後他說，不回香港了，要流亡台灣。

入境處沒有註銷你證件，林生你其實隨時可回港，你不願回來，那是你自己的選擇，不要亂套「流亡」二字，媒體也別人講你就信，流亡是這樣的？亡命天涯還可以飲奶茶行沙灘接受記者訪問？拜託，別用「流亡」把自己的醜行美化，林先生，你不是逃亡，你是逃避。

2019 年 5 月 1 日

7. 領呔爲誰而繫？

政治人物總是要有點形象設計，一頭散亂長髮加永遠的哲古華拉T恤，就讓「長毛」紅了幾十年。梳個髻穿衣左披右搭的毛孟靜，明顯想扮昂山素姬，不過氣質有限，只能扮出一個殭屍版。最近昂山素姬在北京參與「一帶一路」峰會時說：「中國是緬甸的榜樣」，香港這A貨昂山不知有何感想？

形象是政治人物的Icon，所以沒必要都不會改，一改就會有政治暗示，或者讓人有政治解讀，所以「長毛」去開會去飲宴都繼續穿T恤，朱凱迪任何時候都一副營養不良模樣出現，李卓人、黃之鋒之流因爲來自街頭，隨時準備瞓街典地，所以穿的都是街坊裝。還有羅冠聰、周庭、岑敖暉那些有點姿色的，就打扮成一副鄰家男孩女孩模樣來賣萌。

記得「佔中」時期，幾個學生代表與政府高官對話，穿的都是黑T恤。之後到議事堂上班也好、在大學演講也好，甚至與國家領導人或官員見面也好，他們那些dress code，也從來沒變過。

所以，當你看到黃之鋒、羅冠聰、李卓人忽然穿西裝繫領呔，大家應該會覺得「有啲嘢」。

近年這幫反對派頭目頻頻出訪外國，英美澳德加……除了一貫的唱衰香港抹黑國家，大家有否發現，他們的形象跟在香港完全不一樣。

或者先扯開話題向大家提問：如果你平日不是慣穿西裝者，你在什麼狀況下才會西裝骨骨打領呔？

飲宴啦、面試啦、見工啦、見重要人物啦，見大老闆啦⋯⋯對，就是見老闆。

這天，羅冠聰在臉書上載了他們一幫人去華盛頓見老細的照片，李柱銘打領呔見得多，但連李卓人、羅冠聰都西裝領呔的一本正經，就太不尋常了。

在自己國家領導人面前都是想穿什麼就穿什麼的蠻有個性，但怎麼面對英美政客卻「執到正」的俯首稱臣？你們或者會辯解說「這是人家的禮儀啊傳統啊」，那為什麼升五星紅旗時肅立的禮儀你們又不懂尊重？

看黃之鋒、李卓人、羅冠聰的領呔只為老外而繫，就知道他們真正視誰作老細。

2019 年 5 月 17 日

8. 德國也有假難民

　　提起梁天琦和黃台仰，你會想起什麼？對，是一套彩藍 T 恤，上書「本土」、「勇武」幾個大字，他們也是 2016 年旺角暴亂的帶領者。

　　這是每個香港人都知道的黃台仰，然而，出了鯉魚門，過了印度洋，飛到歐洲，落戶德國，舉磚襲警的暴徒竟然變成了被害者。

　　最近黃台仰和他的「勇武」夥伴李東昇，在逃竄歐洲年逾後，終獲德國政治庇護，取得難民身份。

　　二戰戰敗後的德國，深知希特勒那套唯我獨尊的勇武害人不淺，深明種族排斥與屠殺引發的傷害至深，於是，重新振作的德國，一直提倡包容主義，對不同種族包容、對弱勢社群施援，所以，當歐洲不

少國家把敘利亞、伊拉克、阿富汗難民拒諸門外時，只有德國堅持爲他們打開拯救之門。

這些年，已有超過百萬難民湧進德國，接收率佔整個歐洲的45%，雖然有不少德國人反對政府的難民政策，但爲了包容和道義，德國仍是義不容辭把中門大開。沒料到，有人卻利用德國人這顆善心，騙取了兩個難民身份。

黃台仰是什麼人？隨便問一個香港人，他都會告訴你：「勇武」。T恤一出現，就會有內地客被趕、就會有衝突有矛盾，他們是社會的加害者、族群的撕裂者。敢問德國政府，這是你們提倡的族群包容嗎？

戰後的德國，不再好戰，國家軍費開支佔國內生產總值（GDP）僅1.2%，相比美國的3.1%，德國明顯反對軍事擴張、反對武力。然而，你們給予政治庇護的黃台仰，卻是香港最主張武力的一群人，他們從不講理，只用暴力，正因爲他們以暴力破壞法律，才被法院起訴。難道德國政府認同這種人？難道德國人要包庇這種暴力分子？

昨天，《紐約時報》把黃台仰撰寫的六四文章刊登在頭版，我以爲德國人對黃台仰不認識，原來美國人對他也一知半解，你們可知道，其實黃台仰是反六四反支聯會的？

因爲不承認國家，連帶那個含有「愛國」二字的支聯會（全港市民支援愛國民主運動聯合會）都被他們唾棄辱罵。三年前，黃台仰出席港台節目《城市論壇》指着何俊仁批評：「支聯會很多綱領滲透毒藥，荼毒香港本土意識。」奇怪，怎麼今天的他卻打倒了昨日的他？還是

今天的他已成傀儡，不再是昨天的他？

　　反對派向來喜歡到英美出席什麼聽證會，今天，我建議建制派也效法他們，拿黃台仰帶領暴徒衝擊的暴動片段、暴動後警察在他家搜出 53 萬現金的詳情、暴徒在行人道挖出 2000 塊磚頭來襲警的證據，飛去德國，問問批出政治庇護給黃台仰的德國人，你們有沒有看過這些？

　　德國的難民身份是留給有需要的人，在香港有家有國有吃有喝甚至犯了法都有出入境自由的黃台仰和李東昇，你們如何對得起真正生於亂世、家不成家、國不再國、匍匐在德國境外苦等的敘利亞人？他們才是真正的難民，你們不是、你們不配，你們只是潛逃的罪犯。

2019 年 6 月 5 日

9. 議員犯法與庶民同罪

立法會被打得稀巴爛，行兇者逃之夭夭，市民看到眼火爆，警察恨得牙癢癢。

跟我一起看電視直播暴亂的女兒一直問：「點解唔拉？點解放佢哋走？」我都好想知，唯有告訴她：「可能是戰術，之後會拉的。」女兒反駁：「都走晒，點拉？」我無言。

坊間傳出很多不同版本，空城計、死士論……真真假假，信不信由你，但我看到的，卻是教育效果，孩子在新聞片段面前，見證一幕幕嚴重犯罪而不用受罰，電視機旁邊的父母，許多都像我一樣，面對孩子的問，啞口無言。

眼前畫面，將成為這代人的法治標準，假如下次有人在牆上塗鴉，警察干預，他們會說：「暴徒亂塗立法會都可以，我噴少少又算什麼？」

雖然，大搜捕開始了，但老老實實，能抓到的只是冰山一角。斷正不拉，事後再拉已太難，況且暴徒全部蒙頭蒙面，拉到告得入更難。我相信，那天破壞立法會的九成罪犯，都不會被繩之於法。法治？我們還配談法治嗎？今日政治已凌駕法律。

全世界目擊的暴行，立法會爛得完全不能運作，但陳方安生和曾鈺成竟異口同聲說，希望政府考慮特赦這些年輕人。特赦的大前提是你有罪，即是說，原來大家都心知肚明，這些人在犯罪。

有段視頻傳播得很厲害，是立法會議員毛孟靜在衝擊的暴徒前苦口婆心勸阻，她原話是這樣的：「年輕人，暴動罪係十年，你諗下值唔值得？」又是鬼拍後尾枕，原來，第一個把事件定性為暴動的，是毛議員；原來，大家心知肚明，砸爛玻璃門，衝進立法會，就是一場暴動。

另外還有段視頻，是拍攝一班最後的佔領者在立法會議事堂商討去留，其中一個暴徒這樣說：「請務必自己走，唔好留喺度，因為呢個位議員講到明唔保我哋，我哋留喺度，難道要為佢哋爭取光環咩？」原來，議員跟暴徒之間已有包庇的承諾，那當日曾在立法會內出現的議員，通通都是暴亂幫兇的嫌疑犯。

明知犯罪卻以議員之名做保護罩的，還有鄭松泰。TVB 新聞拍攝到他為暴徒引路上二樓破壞，是證據確鑿的煽惑及參與暴亂了，鄭松泰沒口罩面罩，他的樣子聲音人人認得，如果警方都不拉，如何服眾？

一班立法者在全世界的眼睛下公然犯罪，如果這樣都能逃脫，如何說服市民，我們還是一個法治社會？

2019 年 7 月 5 日

10. 戴着手銬開會去

當一個議員被法庭定了罪，當一個大學講師坐了牢，我不明白，為什麼大家對他們的議席和教席存廢仍有討論空間？

別說當老師，就是做個小職員小秘書，你犯法坐牢，丟飯碗自是天經地義的事，除非那個老闆是你老竇，那公司是你家業。

戴耀廷作爲港大法律系講師，知法犯法；邵家臻是浸大社工系講師，帶頭擾亂社會。兩人被法庭判了刑，就是罪犯，敢問世上哪間大學，會聘罪犯做教師？敢問哪個社會，會把下一代精英託付給罪犯來教誨？

1998 年，立法會議員詹培忠因僞造文件被判監三年，當時仍是立法會議員的公民黨頭領吳靄儀在議會中曾如此發言：如有議員干犯刑事罪行，被判監一個月以上，應從嚴處理，褫奪其議員資格，藉此維護立法會的誠信，確保立法會運作不受影響。

說得何等斬釘截鐵，大義凜然。然而，21 年後，同樣事情發生在自己陣營，反對派立即搬龍門轉口風，那種雙重標準的可恥，叫人側目。

根據《基本法》第 79 條，議員若觸犯刑事罪行，被判監一個月或以上，有兩個方法可以把判囚議員 DQ：一是立法會在席議員三分之二投票通過，就可解除該議員職務；二是議員在無合理解釋下，連續三

個月缺席會議，主席也可宣告其喪失議員資格。

現議會有議員 67 人，三分二票通過即是要 45 人，現階段，建制是不夠 45 票的，於是只有第二個方法可行，就是由主席宣布其缺席三個月 DQ 他們。

於是，這幫號稱無畏無懼的懦夫又抬出又畏又懼的理由了：「之前劉皇發有病都向主席請了超過 3 個月假，冇理由有病可以請假，為公民抗命入獄就唔可以請假。」

嘩嘩嘩，真的長知識了，你犯法坐監半年，向僱主請假，僱主不允，然後你罵他：「請病假都得，點解請假坐監唔得？」無賴至此，大家見過未？

未算，剛剛邵家臻又借探監者的口向外宣稱，他會申請在押解下繼續出席立法會會議。

人無恥真的是無敵。今日醫院間間迫爆，邵家臻一入冊就玩心跳加速要去醫院佔用公共資源。玩完醫護玩懲教，如今又要一大班人押送你去立法會開會，邵家臻你個腦是否也有病了？

戴着手銬開一次會，你知道有多擾民多耗公帑嗎？看來主席真的要快快把他 DQ，否則後患無窮，玩嘢不絕。

2019 年 4 月 9 日

（原文載於 HKG 報）

11. 一個移花接木的專業

如果大家仍記得，反對派有個人物曾被賦予「民主女神」稱號，她就是每次選舉都有「吸票機」之稱的票后余若薇。

第一次親眼認識她是跟她做專訪，已有心理準備她絕非美女，但見真人，感覺卻要用「震撼」來形容。一個五官醜、拼起來更醜的女人，不知怎的，聽她說話，娓娓道來，卻散發着一種既高貴又可親的美態，怪不得她能夠成為票后。

這位曾經的公民黨黨魁，以溫和、理性、專業形象深得民心，在港島區直選一拿就是七萬多票，當年仍是妹仔釘的陳淑莊和何秀蘭，都是扯着余若薇衫尾上位的。那時候，我覺得，她跟湯家驊是最講道理的反對派。

說的，都是過去式了，那是香港人曾經擁有的一頁集體回憶。

「佔中」過後，好多人都露出真面目，好多美麗故事都成了歷史上的曾經，余若薇便是其中之一。

一個人外表不美不要緊，但心地醜陋、思想惡毒就不可饒恕。早前寫過一篇文章，說住在半山嘆世界的上流人余若薇最喜歡賣一種思想，就是「生於亂世，有種責任」。她的這個墨寶被印成 T 恤，好多年輕人都穿着它，覺得穿上就是背負了時代責任，於是在大學上課時穿、吃自助餐時穿、去日本旅行時也穿。那種偷換概念去騙年輕人，很無良。

沒想到，更無良的騙案發生了。

這天，《大公報》及《文匯報》引述權威人士解讀中共政治局常委韓正對有關香港逃犯條例修訂的講話，整理出以下四種狀況：

一，內地居民在內地犯罪後潛逃香港——會移交內地

二，香港居民在內地犯罪後逃回香港——會移交內地

三，香港居民在香港觸犯涉及危害國家安全罪行——不會移交內地

四，中國公民或外國人在國外針對中國國家或公民犯罪而身在香港——不會移交內地

說得清晰不過了，最後兩項就是反對派擔憂那些政治犯罪，京官已講到明不會引渡回內地。

然而，身為大律師的余若薇，卻在她的臉書引用《大公報》、《文匯報》資料，我不厭其煩重複照錄如下：

都話逃犯條例犀利過 23 條，危害國家安全罪行移交內地審！「權威人士」整理四種送中情況：

一，內地居民在內地犯罪後潛逃到香港

二，香港居民在內地犯罪後逃回香港

三，香港居民在香港觸犯涉及危害國家安全罪行

四，中國公民或外國人在國外針對中國國家或公民犯罪而身在香港

（資料來源：《大公報》及《文匯報》）

大家看出有什麼分別嗎？對，原文是說前兩項會引渡，後兩項不會；但在余若薇做了手腳之後，四個狀況都會被引渡了。余若薇以法律專業身份去解讀法律，黃絲帶又絕不會看文匯大公去求證，於是余大狀的一錘虛假，就給逃犯條例定了音。一個法律專業，原來是移花接木的專業。

　　難道你們的道理已說到途窮了嗎？竟然要靠歪曲事實來騙香港人？之前騙孩子這是亂世，已毀滅了是非觀；余大狀這回你用隱藏真相來騙人，已屬於罪行級數了。

2019 年 5 月 28 日

（原文刊登於 HKG 報）

12. 暗角的狙擊手

上星期，反對派搞了個「遍地開花放映會」，在全港各區播放紀錄片《Winter On Fire》（凜冬烈火：烏克蘭自由之戰），此片紀錄了烏克蘭 2013 年冬天發生的一場顏色革命。BBC 記者現場訪問了一個看完紀錄片的年輕女孩，她感動得哭起來，抹着淚眼說：「希望（香港）可以像烏克蘭一樣有這麼好的結局。」

可惜，那是 BBC 記者，如果是我，我會問她：「烏克蘭有什麼好結局？」

這陣子，反對派的文宣不斷把今日香港的「早占革命」和烏克蘭的顏色革命連結起來。眾所周知，香港人都是「標題黨」，看個標題、瞥幾個鏡頭、唸幾段金句、聽首浪漫的歌⋯⋯然後就「撻着」，同氣連枝、同聲一哭，我們都是烏克蘭。

顏色革命真的這麼簡單嗎？對於烏克蘭的起義，我只記得一個故事：「帕申斯基的狙擊手」。

2014 年 2 月 18 日下午 3 時，烏克蘭獨立廣場附近的示威者攔住了一輛私家車，檢查後發現車上藏了一支狙擊步槍。反政府領袖帕申斯基聞訊立即趕到，在眾目睽睽下坐上該輛被截停的私家車，親自保護司機離去。

巧合是，在帕申斯基親自放走持槍者的當天，示威者聚集的廣場

上就發生了槍擊事件，警方和示威者均被不明來歷的冷槍射殺，雙方引發更激烈衝突，最後 26 人被殺，當中有四名死者是警察。

半個月後，帕申斯基等人成功奪權，時任總統亞努科維奇流亡到俄羅斯，帕申斯基當上總統辦公室主任，後來更升至烏克蘭國家安全和國防委員會主席。

烏克蘭革命成功的轉捩點，在於那幾記冷槍，當示威者與警察爭持不下，你攻我守成了每天死局，找一個神秘人，暗地裏向哪邊開幾記冷槍，搞出人命，就會激起民憤，火舌一下子就可以燃點起來。

而當天那個「帕申斯基的狙擊手」，就是反對派自編自導自演的一幕苦情戲，是烏克蘭顏色革命流血衝突的始作俑者。

這種冷槍效應，其實我們早見識過，2004 年台灣地區領導人選舉，當時民調落後的陳水扁在最後關頭中了一記冷槍，民意立即反彈，結果陳水扁反敗為勝。

鑑古便能知今，顏色革命都是一個倒模。當香港的甲由革命去到樽頸，當特首撤回修例讓部分反對者找到下台階離場，顏色革命的幕後黑手就會使出撒手鐧，是真的殺手，他們會躲在暗處放一記冷槍殺一個人，然後挑動群情，繼而成功嫁禍。

所以，別以為修例撤回了，一切就會歸於平淡，相反，暴力必更激烈，危機將會升級。請記着，這是一場戰爭，對手不會罷休，冷槍與人命這條方程式，隨時出現。

2019 年 9 月 6 日

13. 逃犯條例，由一個逃犯說了算？

忽然覺得，《逃犯條例》修訂就像一個打翻了的垃圾桶，它引出大群蛇蟲鼠蟻，連帶隔籬屋、對面街蟄伏的蒼蠅毒鼠，都跑出來探頭探腦。

其實《逃犯條例》更像一扇破窗，玻璃裂了，大家順勢多擲兩顆石把它砸爛，再多投幾塊磚把它破成大門，好讓蛇蟲鼠蟻如入無人之境。

不過是小城修改法例，竟勞動英美大國開聲阻止，城裏城外各個界別有人牽頭反對，可見法例只是一個幌子，藉着這破窗抓緊造反機會才是他們的重點。

七嘴八舌反對修例的人之中，我認為，最沒資格講逃犯條例的，就是剛成了德國難民的黃台仰。一個逃犯批評《逃犯條例》，正如一個煙民反對設置禁煙區，或者一個賭徒反對取締賭場一樣，完全沒有說服力。

奇怪的是，竟有傳媒山長水遠飛去德國問黃台仰這個逃犯對《逃犯條例》的意見，還洋洋灑灑大篇幅報道，這些媒體更包括用公帑的官媒香港電台。

黃台仰不是法律專業人士，他的意見為什麼舉足輕重？如果真的要為他冠以一個專業，他應該是專業逃犯，一個背叛了追隨者的暴亂

策動人，逃出香港之後，唯一有新聞價值的地方，是他當日怎樣逃、為什麼逃，而不是讓他評論這《逃犯條例》的是非對錯，他沒資格。

保安局局長李家超強調，執法部門會用任何合法的方式緝捕被通緝者。黃台仰是香港的通緝犯，德國是與香港簽訂了移交逃犯協定的國家，記者們知道通緝犯的行蹤，不是去找國際刑警，而是去找他訪問、美化他的逃亡、為他的罪行開脫，這是記者應盡之責嗎？這是我們認識的第四權嗎？

越洋訪問一個通緝犯，在情在理在法，都說不過去，尤其花納稅人錢的香港電台，你們用公帑為破壞社會的罪犯化妝、宣傳，其實已屬公職人員行為失當。

黃台仰說，逃罪，是因為在香港得不到公平審判。指控對象，已不是特首、不是共產黨，而是香港司法制度。我又奇怪，一個逃犯向世界說香港司法不公，何以馬道立與鄭若驊半聲不哼？何以穿黑衣遊行的司法界不澄清譴責？大家常說捍衛法治，現在正是香港法治最受損害的時刻。

2019 年 6 月 7 日

14.「革命」的代價

記者會上，有人問特首：「會否去探望右眼受傷的示威者？（即懷疑被鋼珠射中那個爆眼女）」林鄭説：「若方便時會探她。」

一個特首，去看望一個暴徒。我這樣形容，大家就會明白問題所在。

為什麼沒有記者問：特首你會去看望那被圍毆的《環球時報》記者付國豪嗎？你會去醫院探望被汽油彈燒傷的警察嗎？人家的命就不是命？你的一隻眼就是全世界？

警察部門的記招也常被黃絲記者牽着鼻子走，那隻右眼，根本不用去跟他們糾纏，管它是警方的布袋彈還是暴徒的彈珠，總之，天文台懸掛十號風球，你還去海裏衝浪，最後給海浪捲走，就是與人無尤。暴亂同理，兵荒馬亂之際，你身在其中，任何損傷，都没得怨，因為那是「革命」的代價。

英國《星期日泰晤士報》戰地女記者 Marie Colvin 就是在炮火中丢掉眼睛，成為獨眼名記的。Marie Colvin 走進戰場，穿過槍林彈雨，與武裝士兵一起行動，結果在一次採訪中被手榴彈炸盲左眼，並得了創傷後壓力症候群，但她仍然堅持走在戰火最前線做第一手報道，沒有怨人怨天怨軍警。

至於警察喬裝暴徒來進行拘捕行動就更加毋須解釋了，當暴徒可

以扮街坊、扮路人、扮記者、扮白衣人，當議員可以扮判官、議員助理可以扮麥當勞媽媽、何韻詩可以扮香港人、毆人縱火的暴徒都可以扮正義，警察的臥底行動只是最常見的破案方式，比起暴徒的扮嘢能力，差之千里呢！

這幾天，當大家在聚焦埋怨警方時，別忘了留意一張小小的臉書帖文，被 DQ 議員羅冠聰原來早已逃離戰場，飛到美國耶魯當高材生去了。

從此，他將成了另一個階層的人，而你，丟掉眼睛耳朵手手腳腳之外，也去了另一個階層，不過這階層沒有學位、沒有證書、沒有前途、沒有將來，它的名字叫「階下囚」，跟丟掉的眼睛一樣，那是「革命」的代價。

2019 年 8 月 16 日

擺上枱：XS 豬嘴

15. 不負責任的浪漫

美國國會眾議院議長佩洛西曾公開説，發生在香港的示威遊行是「一道美麗的風景線」，從此，這句「美麗風景線」成了反對派挑動黑衣暴動的重要文宣。

我真的想邀請佩洛西來香港「欣賞」一下，她口中稱譽讚嘆的美——麗——風——景。第一站，先去馬料水中文大學；第二站，當然是紅磡的理工大學了。

如果，中大是一個兵工廠，那麼，理大應是個軍火庫，再外加一個細菌工場。不是嗎？看那狼藉的廚房，不過十來天，已滋生了大量蛆蟲，一班連廚房都不會打理、吃完飯都不會洗擦收拾的人，卻豪情壯志地説要為香港人構建未來，想想都驚。

更好笑的笑話，是一個蒙面人接受記者訪問。他怕得要死，不單蒙臉，還蒙了眼，只剩下額角一寸皮膚，依稀認出是人不是獸。他還要化名變聲，然後吐出一句讓人爆笑的話：「我們光明正大。」

從來沒見過如此鬼祟的光明正大，這種人如果在佩洛西的家鄉，一定會被視作恐怖分子，還可以接受記者訪問？一站出來已被警察開槍轟成蜜蜂窩了。

這陣子，警方在中大、理大兩間大學搜出海量的未用汽油彈，中大超過 3900 枚，理大輸一個馬鼻，都有 3800 枚，連同戰事中暴徒已

擲的汽油彈數量，總數肯定超過一萬枚。

兩間大學、整個城市，四處都是被燒焦熏黑的痕跡，還未計那些爛路、斷欄及醜陋塗鴉，這種風景，請問佩洛西，美在哪裏？

朋友選舉前看到朱凱迪在街頭拉票，忽然恍然大悟說：嘿嘿，怪不得他們一直在搞環保玻璃樽回收，原來是這樣循環再用……

用腦想想：這些以空樽注入電油再浸毛巾的汽油彈，製法看似簡單，但要大量製作難度很高，譬如，哪來萬多個玻璃瓶？如何買到電油？真的是就地取材？真的是市民捐獻？一班被幕後主腦操縱去犯罪的學生，斷送前途、泯滅人性，這風景，美在哪裏？

操盤者很聰明，他們利用崇高的形容詞去美化罪行、催眠暴徒，讓他們相信，那一幕幕火光熊熊的縱火，是「美麗的風景線」；那場執法者的正當圍捕，是「人道主義危機」；那埋身肉搏的襲警殺警，是「手足為你們擋子彈」；那殺人放火的暴動，是「一個時代的革命」……

革命是浪漫的，但以歪曲事實來麻醉大眾，就是一種不負責任的浪漫。

2019 年 11 月 29 日

16. 民主黨需要一個編劇

「釘書健」事件之後，民主黨的招牌成了笑話，一個創黨黨員大腿上那 21 口釘，配上李柱銘、何俊仁、李永達、林卓廷老中青三代民主黨人神色凝重的簇擁，爲小城製造了香港政治史上最好笑的喜劇。

食髓知味，當日坐在「釘書健」記者會最遠處的李永達，大概有點眼紅，林子健如此一副尊容都能天天見報，我李永達話晒也曾風流倜儻搞過幾次婚外情，沒可能輸給幾口釘書釘，於是，努力寫了本爆料回憶錄，名叫《判刑前的沉思》，希望在「佔中」案判決前再上一次新聞頭條。

果然，消息一出，未見書影，《蘋果日報》已爲李永達送上全版頭版廣告，題爲：「李永達回憶錄引權威人士：每日 40 中共黨員持單程證滲港」。

我一向建議大家罷看《蘋果日報》，故特在此引錄上述廣告的幾個笑位讓大家開懷一下：

一，李永達在回憶錄有一章「共產黨員一定有一個在你左近」，引述一名熟悉香港保安政策的權威人士「爆料」說，香港每日 150 個單程證名額中，約 40 至 50 人是「有特別任務的共產黨員」，推論回歸至今已有 21 萬至 29 萬共產黨員來港。

二，此權威人士又説，這廿多萬中共地下黨員主要潛藏於親共機構，如民建聯、工聯會、教聯會、親共商會、地區組織核心、各區家長教師會、業主立案法團、互助委員會，按推算每區起碼有 550 名地下黨員，即是「每一座樓宇都應該有幾個甚至幾十個共產黨員居住，選舉期間這些地下黨員就會發揮助選作用。」

　　三，回憶錄又説有一殖民地高官告訴李永達，回歸前中共已在紀律部隊安插地下黨員，特別是警隊、入境處和海關三個部門，而這一定數量的地下黨員今天已升至管理層。

　　先別説那些無名無姓的「權威人士」是誰？如李永達所言屬實，潛伏在港的地下黨數量多過 7-11，形式多到想像不到，譚仔米線那個大媽侍應可能是、劍橋護老院那個清潔大姐也可能是，加上每個屋苑每幢大廈甚至家教會、業委會都有，按道理，建制派應可在次次選舉中大獲全勝才是。

　　又如果潛伏的地下黨已經蔓延到紀律部隊高層，那爲什麼他們在「佔中」、旺暴没出手？忍到五年後的今天還讓你們逍遙法外亂噏廿四？

　　看李永達幾十年在反對派浮浮沉沉，不難想像，他是想來一次最後一擊。62 歲了，大半生高不成低不就，問大家他做過什麼？真的没印象，後輩林卓廷都懂得用狙擊 CY 來製造形象，新丁許智峯都有搶女人手機的標記，李永達有什麼呢？最讓人記得大概就是幾役直選滑鐵盧和幾次婚外情，其他的？没有了。

用廿幾萬虛擬共產黨員來爲自己最後政途盡地一煲，李永達和民主黨的戲碼真的已江郎才盡。看來，今日反對派最需要的是一個編劇，爲他們好好策劃一些令人信服的劇情。

2019 年 3 月 27 日

17. 犧牲者誰？

這幾星期，不斷有媒體（包括官媒香港電台）用大大的篇幅訪問那九個「佔中」罪犯，判決前、判決後，報紙、雜誌、電台、電視、網上……洗版式，沒停過。

我相信，香港從沒試過有罪犯曝光率這麼高，辯詞這麼多人報道，發言這麼受重視。

罪犯講來講去，就是「佔中」的目的有多偉大、有幾合理，按此邏輯，我想問九男女罪犯一句：如果悍匪張子強把綁票得來的贖金，捐給四川汶川大地震的災民，他還會不會被審判？要不要被處死？

恐怖分子說自己打的是「聖戰」，以你們的邏輯，打着「聖戰」旗號展開的屠殺，不就是違法達義嗎？

香港電台用了一整集《鏗鏘集》來歌頌「佔中」罪犯的「犧牲」，伊斯蘭極端組織的自殺式襲擊者犧牲更大，你們是不是也需要製作幾集來崇拜一下？

79 日「佔中」，超過 130 名警員受傷，有位沙展當值期間因過度勞累染病成了植物人，這犧牲夠大了吧？請問哪一家媒體報道過？

科大經濟系教授雷鼎鳴曾為「佔中」「埋單」，計算出「佔中」

造成的香港經濟損失，高達 3500 億港元，那是全港市民同聲一哭的犧牲，借問又有哪家傳媒細數過？

罪犯甚至教法官判刑，說可以「犧牲」自己時間做社會服務令。作爲「佔中」其中一個無人關注的犧牲者，我想說，我們不要社會服務令，因爲香港人不需要你服務，我們只要你服刑。

2019 年 4 月 12 日

18. 窮得只剩下賊心

高雄市長韓國瑜完成了「港澳深廈 7 天交流」後，在臉書發帖文：「賣菜郎回來了，我們這次帶回約 53 億的合作備忘錄與訂單，其中包括約 38 億貨真價實的合約。這個金額說多不多，說少不少，至少讓咱大高雄辛苦勞作的農民、漁民、花農們可以安心……」

53 億新台幣，相等於 13 億港元，跑 7 天就拉到十多億生意，如果在私人機構，這戰績肯定是最佳推銷員了，然而，在蔡英文管治下，Top sales 韓國瑜回台灣後卻要面臨被控和罰款。

因訪問期間與港澳中聯辦主任、內地國台辦主任見面，台灣陸委會正考慮懲罰韓國瑜最高 50 萬新台幣（約 13 萬港元）。而高雄市議員、陳水扁之子陳致中前日亦到了地檢署，控告韓國瑜涉犯「外患罪」，即台灣法律中「叛國罪」的一種，此罪最高可被處死刑。

不單當事人被罰，連報道韓國瑜新聞的《中天新聞台》也遭殃。台灣通訊傳播委員會（NCC）日前提出「中天電視因播出太多韓國瑜新聞」，罰款 100 萬元新台幣（約 26 萬港元），必要時更要撤換新聞部主管。

我想起，香港反對派天天喊的新聞自由、言論自由、乜自由、物自由，又常常跑到台灣學習民主自由人權法治，我以為台灣那套有幾巴閉，卻原來得四個字：「順我者生，逆我者亡」。

韓國瑜帶着幾十人馬不停蹄跑了四個城市為高雄拉生意，一回家，就在家門前被強盜洗劫，而這強盜，竟然是自己的政府。最好笑是連隨團記者都被清袋，反對派嚮往的，原來是這種民主？我倒覺得，蔡英文政府才是真正的強力部門。

被台灣政府打劫的，除了韓國瑜，其實還有個香港人凌友詩。出生於高雄、17 歲就移居香港的凌友詩，去年當上全國政協，早前在政協會議中以朗誦形式發言，姑勿論你喜歡否，那都是她的言論自由。凌友詩表示自己經歷「一國兩制」，希望看到兩岸統一，此語立即引起蔡英文政府反彈，指她違法擔任政協，罰款 50 萬新台幣（約有 13 萬港元），台灣內政部長更表示會考慮取消其戶籍及醫保。

說一句話就要罰錢兼褫奪身份和福利，請問這是哪門子的民主？反對派趨之若鶩趕去學的就是這些？

2019 年 3 月 29 日

19. 有一種無良叫政棍

　　我平日寫文章很少用上「政棍」二字，對於作惡的議員，我盡量稱他們為「政客」。我行文也很少用「無人性」、「無良」之類的晦氣語，我會盡量用事實讓大家感受他們的無恥。

　　然而，今天實在客氣不下去，當看到一條二十歲的年輕人命在異地草叢化為白骨，政棍們還在假惺惺地說什麼公義人權，我覺得，地獄應該為他們預留位置。

　　這是一椿大家都記憶猶新的案子。去年情人節，20歲的潘姓少女與19歲男友陳同佳一起赴台旅遊，之後潘女失去影蹤，焦急的爸爸在香港及台灣報案後，獨自跑到台北找線索，結果，在旅館的閉路電視發現端倪，順藤摸瓜找到疑人，原來是同行男友陳同佳。

　　因陳拿着潘女的銀行卡在台灣及香港提過款，香港警方立即以涉嫌盜竊拘捕陳同佳，其間有人供出在台北把潘女殺害並以行李篋運走屍體再棄屍草叢，台灣警方隨即根據疑人提供的資料找到潘女屍首。

　　一椿殺人事件，人證物證俱在，可惜，因為謀殺案發生在台灣，認罪者是在香港，而香港跟台灣沒引渡法，致令殺人者將會在眾目睽睽下逍遙法外。

　　於是，保安局提出修例，容許以一次性個案方式移交逃犯，並適用於台灣、澳門及內地，希望與時間競賽，堵塞法律漏洞，讓兇手繩

之於法。

然而，那些反對派議員竟齊聲反對，說潘女事件是特區政府明修棧道、暗渡陳倉之計，實際上是要借機把政治犯引渡到內地受審云云。

用一對父母養育了二十年的女兒的命來修棧道？只有無良的人才會想出如此卑鄙點子。反對派諸君，你們都有孩子的，為了你們這班政棍可以繼續玩政治把戲，就要犧牲人家孩子的命？你那公義之尺哪裏去了？還是你們一向吹噓的只是自私的公義？

政棍以外，連教書的都失了智，港大法學院講師張達明說，修例後內地會以別的罪名把政治犯引渡到內地，香港法庭就會被「擺上枱」。

真可笑，天下間把法庭「擺上枱」擺得最多的是誰？不就是反對派嗎？一宗又一宗司法覆核，香港法庭早已淪為反對派打擊異己的政治工具，擺法治上枱之始作俑者，非你們其誰啊？

2019 年 2 月 15 日

20. 誰買誰怕？

有時我會想，到底高床軟枕的官們看不看到今日的民間煉獄？看不看到無辜市民無辜商戶不斷被「私了」？因為，如果看見那些血肉模糊、那些頹垣敗瓦，不可能無動於衷，不可能默不作聲，不可能毫不作為。

四個多月來，反對派琅琅上口數着 721、831 兩組數字。我們正常人不會唸這些文宣，如果要說，我們大概要把半年的月曆都讀出來，因為小市民被魚肉的日子實在太多。直至那天，民陣召集人岑子杰被疑似南亞裔人士襲擊，才知道，原來官們都看到，原來官們都有感覺，只是他們選擇性失明、選擇性噤聲。

星期三晚，岑子杰在旺角街頭被人以槌仔扑頭，血流一地。翌日一大早，政務司司長張建宗就公開表示，絕對不能接受岑子杰的遇襲事件，強調不同程度的暴力都不能容忍，當局會高度關注，警方會嚴正追究。記憶中，這該是高官四個多月來對暴力事件的最快速反應。

這些月，元朗有被毆至頭破血流的兩個大叔、深水埗有被打斷肋骨打爆頭血流披面的的士司機、多區有因撕連儂牆被「私了」的街坊、還有被汽油彈燒着的便衣警員、被淋腐蝕性液體至皮膚九成神經壞死的防暴隊員……多不勝數了，每一宗都比岑子杰案嚴重，可是，沒看過政府的譴責反應有今次那麼快那麼高調那麼齊心那麼統一口徑。連

警方也煞有介事地把案發現場圍封搜證，反而上述那些發生在市民身上的嚴重血案卻未被如此重視過。

召集人陳淑莊指，過去幾個月多名民主派人士遇襲，認爲是「有人唔順眼，想香港越來越亂，令政府藉故取消區選」。怎麼總覺得這番話是陳淑莊在說他們自己？明明打砸堵路的是你的人、「私了」又是你的人，想香港越來越亂的人，不就是你們嗎？

民陣譴責兇徒行兇，形容是散播政治恐慌。我奇怪，當途人說句「支持警察」、說句「我是中國人」後被「私了」的時候，民陣怎麼不認爲這是散播政治恐慌？

恐慌是，岑子杰被疑似南亞人襲擊消息傳出，連登立即傳出今個周日要「修理」尖沙咀的清真寺和重慶大廈這些南亞人聚集地，然後，南亞裔福利社創辦人聯同幾個穆斯林代表在岑子杰被襲翌日，立即帶同果籃趕到醫院探望，指出大部分南亞人都沒有參與暴力事件。而香港回教信託基金總會更發聲明，表明會爲岑子杰祈禱，希望他早日康復，強調穆斯林社群向來重視和平，並與香港人站在同一陣線。

連休班警察都會被「私了」，連有個「中」的銀行都會被放火燒掉，今天連南亞人都買你們怕，說到製造政治恐慌，老百姓又豈是反對派的對手！

2019 年 10 月 18 日

21. 請問你們代表誰？

這問題，每個看到這則新聞的人都在問……

話說去年一位香港少女在台灣被男友殺害棄屍，兇手成功逃回香港，因港台兩地沒引渡條例，殺人者得以逍遙法外，保安局為堵塞法律漏洞，提出修訂《逃犯條例》，以單次個案形式，將逃犯移交內地、台灣等未有引渡協議的地方，助台灣殺人案的死者父母討公道外，亦希望未來類似案件引渡時有法可依。

反對派對此反彈強烈，涂謹申甚至以「影響遠遠超過23條」來製造政治話題。

這幾天，涂謹申、朱凱迪、陳志全及羅冠聰四名反對派政客專程飛到台灣，與陸委會、民進黨、時代力量及一些「立委」會面，商討這引渡修例。

陸委會本負責兩岸事務，對應單位是國台辦（國務院台灣事務辦公室），幾時輪到四隻跳樑小丑插手事務？民進黨的「台獨」主張路人皆見，「時代力量」更是「台獨」的年輕激進派，四個烏合之眾與他們會面，到底代表誰？

涂謹申、朱凱迪、陳志全還勉強可說有個立法會議員身份，但羅冠聰呢？一個被 DQ 的議員，就是一市民，坐過牢的他，難聽點說是個監躉，一個犯法的人，憑什麼去代香港人談法律事？

至於那三個議員又代表誰？剛剛公布的人口普查，香港有逾 748 萬人，我算過，涂謹申、朱凱迪、陳志全三人加起來的選舉得票約 36 萬，所以，你們頂多能代表那 36 萬選你的人，不代表我，更不代表沒選你那 710 多萬香港人，你們跑去台灣扮代表，憑什麼？

　　民進黨向來不認中國人、強調自己只是台灣人；「台獨」政黨「時代力量」最近在網上製圖警告台灣人「去香港小心！進得去、出不來」。這次民主黨元老涂謹申帶隊到台灣，借引渡之名與「台獨」政黨勾連，看來，反對派已經走到窮途，只能踏上親「台獨」、倡「港獨」的政治不歸路。

2019 年 3 月 8 日

第二章

警察的名字不是神

警察執法，天公地道，本來就不需要懇求你配合，

本來就不需要你感覺良好，不過香港警察是文明之師，

他們以為，他們好來，你們就會好去，

沒想到，退一步沒換來海闊天空，反而大家更得寸進尺。

1. 六呎的「小朋友」

這陣子，我最憎聽到三個字：小朋友。

「佢哋小朋友嚟咋⋯⋯」「你哋點解要打細路？」「班細路好慘」，「我要見到我小朋友平平安安行出來」⋯⋯他們口中的「小朋友」、「細路」，是指在理大捉了兩天汽油彈的暴徒。

小朋友會製造燃燒彈？會放火？會挖磚？會掟石？會堵路？會殺人？小朋友一星期就能把香港反轉？讓全港交通癱瘓？讓大學學期終結？讓老百姓丟掉飯碗？讓生意人血本無歸？⋯⋯厲害，這些小朋友。

網上有段視頻，一個母親在警察宿舍門口挑釁，她說：「你班仆 × 成日打小朋友，我個仔出街乜都冇做過就畀你班黑警打！」後來這個母親被起底，網民貼出她和兒子合照，原來她那個「小朋友」，六呎高，看樣子超過 20 歲了。

能夠有組織地犯罪，想盡辦法去殺警，這種人，怎可能是小朋友？那夜，我們看到教育界立法會議員葉建源和 30 多名中學校長、前立法會主席曾鈺成、港大法律系講師張達明等，來到理大跟圍捕學生的警方談判，最後達成協議，校長可以帶 18 歲以下學生離開，18 歲以上的就以暴動罪拘捕。

我即時想，如果有個 18 歲以下學生，闖進銀行打劫後被圍捕，校長呀議員呀你們會為他向警察求情嗎？你們會走進案發現場帶學生離

開嗎？你們會認為學生因 18 歲以下就可逃避法律制裁嗎？

今日社會有個很奇怪現象，就是香港人大範圍地失智、大範圍地濫情，大家動不動就來這句：「細路嚟啫」，懂得製汽油彈了，路障砌得天衣無縫了，殺人不會眨眼了，還是細路？

也是的，當我們看到暴徒錯字百出的塗鴉，當我們看到廿幾度氣溫下竟然有 40 多個投降學生披着錫紙得了低溫症，當我們看到暴徒向捐物資者要求不要再送無餡生命麵包及嘉頓威化餅，當我們看到他們毫不愛惜地打爛上一代努力興建的一切……那種不知民間疾苦的思維，確實很「小朋友」。

我忽然想起，那天在青衣機鐵站遇到的警察，他們是一群沒戴頭盔面罩的防暴隊員，正在站內巡邏戒備，那幾張臉孔，很年輕，很正氣，很有活力，看樣子頂多 20 出頭，跟那些蒙面黑衣大學生是同一個年齡層，但因為他們要守土護城，要除暴安良，稚氣的臉，早已刻鑄了肩負使命的滄桑，一點都不「小朋友」。

同樣是年輕人，同樣是社會棟樑，有沒有人問過警察在汽油彈陣中安不安全？有沒有人懇求暴徒不要傷害年輕警察？

社會的濫情，從來只向暴徒傾斜，一個發催淚煙一個掟汽油彈，一個讓你流淚一個置你死地，根本就是不對等的武力，大家卻只關心後者的安危，這種是非不分的濫情，實屬病態。

2019 年 11 月 20 日

2. 今天説，「警暴」

那天坐的士，一上車向司機説出目的地後，他第一反應説：「好彩你不是去旺角，否則我又要吃催淚彈了。」

「爲什麼你不説吃汽油彈？」我即時回話。司機默然，大概知道，大家不同顏色，無話可再説。不得不佩服暴徒的文宣攻勢，半年下來，許多人已習慣一説起警察，就想起催淚彈，就會説「警察濫用暴力」。謊言説一百次就會成真，這句話，香港市民有最深切體會。

如何用半年時間把「警暴」二字刻進大家心坎？真是一個很好的社會學、心理學、犯罪學研究課題。儘管暴徒已失智到活生生點火燒人、用鐵渠蓋當頭砸人，但竟然敵不過子虛烏有的「警暴」烙印。黃絲的文宣總是很好看的，三個武裝警察把一個年輕人壓在地上，還有隻穿皮靴的鞋踩着他的臉，那畫面，很嚇人、好暴力。

吸睛的圖片，就是要讓人不假思索地相信自己的眼睛，有圖有片有真相，於是很多人相信警察都是暴力的，但實情是這樣嗎？

警察朋友説，如果你落過場，你會發現，那些發狂的暴徒，不知是 high 了藥，還是太年輕力壯，他們的蠻力，大得驚人，正常一個受過防暴訓練的警察，是很難一對一捉到人，起碼要兩至三人，才能把暴徒制服，於是，常常讓記者拍到三個壓一個的照片，感覺就像大欺小、強凌弱。

還有一個重點，是大家一直忽略的，就是用武的動機。警察用武，是爲了制服人；而暴徒施暴，是要攞你命，目的絕不對等。

暴徒可以用任何方法把你置諸死地，掟磚、射箭、點火、淋鏹水、擲汽油彈……他們不用計算角度，不用理你死活，他們無所顧忌，只求達到殺人目的。但警察呢？他們只能制服你、拘捕你、或驅散你，但他們要擔保過程中你不會重傷或死掉，於是箍你頸要小心、扭你手要小心、拖行也要小心、就算開槍都要小心，因爲之後會有一萬個人跳出來問你爲什麼在千鈞一髮間不打手打腳。

最難的比武，是不能讓你死傷而又能制服你，執法者這先天缺陷，讓他們一直在打逆境戰。

說「警暴」的人，就像雞與雞蛋的爭辯，我們說沒有暴徒暴力就沒有警察鎮壓，他們說警察不用武就沒有暴力反抗，各執一詞，大家說服不了大家。

但那天，離開的士的時候，我還是忍不住向司機丟下一句：「師傅，這世上沒有哪條街必有或者必然沒有催淚彈，總之，哪裏有暴徒，哪裏就會有催淚彈。」道理本來就是這麼簡單。

2019 年 12 月 4 日

3. 流淚的齋雞粒

這幾個月，我想大家的手機內容都一樣，無論黃藍、無論黑白，都充斥着仇恨的帖子、粗口橫飛的視頻，所以，偶然一些小插曲、一些正能量畫面，格外洗滌心靈。

這天，朋友傳來一短視頻，是一位全副武裝的防暴隊員在驅散人群，他是這樣説的：「好喇，走啦，乖啦，畀下面，唔好嘈，返屋企，聽話啦，好冇？唔好喺度聚集，聽日返工返學喇……」旁邊的人都笑起來了，有人甚至舉機拍攝，黑衣人中有把女聲甚至大叫：「個個好似你咁咪好囉，我愛你呀阿 Sir！」阿 Sir 立即回應：「走啦，我唔使你愛！」

劍拔弩張了五個月，總不能天天「躁底」，苦澀中找到正能量，才有戰下去的動力。聽一些防暴隊員説，近日碰面，大家少了怨言，因爲埋怨都沒用，反而會講笑猜猜今天飯盒吃什麼？暴徒會搞哪裏？他們會出什麼新武器？我們幾點可以收工？……

天天一起打仗，同袍兄弟情愈來愈深厚，平時比較自我的，都開始顧及別人感受，「幾個去、幾個返，齊齊整整回來，一個都不能少」，抱着這宗旨，再沒有人單槍匹馬逞英雄。

有警員説：「在一次推進驅散後，我和隊友坐在路邊，脱下頭盔、防毒面具，拿出一包齋雞粒，兩人分着吃。當時催淚煙未散，但我們

實在太肚餓，於是兩個坐在路邊的大男人，一邊流着男兒淚，一邊唆着加料齋雞粒，想起都好笑。」

是的，因爲催淚煙有胡椒味，所以他們吃的，應該是胡椒味齋雞粒。

有個資深警長，怕剛入伍的年輕警員頂不了壓力，平日會特別留意他們的情緒變化。幾個月來發現，卸下頭盔面罩休息，這些年輕警員都是第一時間掏出手機玩遊戲，跟對面對峙的年輕人其實沒分別。

從每天的小糾紛、到每個周末的大龍鳳，前線警員已學會以另一種心態面對困局。他們一起經歷過香港最黑暗的時期，他們一起打過香港警察史上最難打的仗，他們已成了出生入死的手足，他們一起創下了執法者最高 EQ 紀錄，他們隨時是世界上心理質素最好的警察。

暴亂幾時終止？沒人知曉，但功成一定有香港警察，已是肯定的。

2019 年 10 月 25 日

4. 不見血的殺戮

暉仔，小學二年班，上年剛進這小學時，人生路不熟，全靠一個八達通卡套，認識了好多新朋友。那是一個印有警察徽章的 card holder，男孩子一般都喜歡槍，所以當暉仔一拿出那個警察卡套，同學仔都圍攏過來，研究、議論，哇，這卡套好型，是否警察才可擁有？叫你爸爸幫我買一個可以嗎？暉仔爸爸是警察從此成了新同學眼中的英雄印象。

今年九月開學，媽媽給暉仔買了個卡通證件套，叫他換掉那個有警徽的，暉仔不解：為什麼？我不要換。媽媽費盡唇舌，告訴他那個曾經的英雄印記，今天會為他帶來被欺凌的危機。暉仔心有不甘，把寶貝卡套藏進抽屜，他相信，終有一日，英雄會再回來，這卡套能再用上。

※　　※　　※

阿森兩星期沒見過女兒了。他是前線防暴隊員，一出更就十幾廿個鐘，暴徒日日新招天天新款，你總不能在他們掟汽油彈的時候望望手表說：好了，停止，阿 sir 要收工，於是，每次回家都是夜半，太太早已摟着女兒入睡。而阿森，這幾個月已習慣睡在大廳地板，因為長

期背着幾十磅裝備開工，腰痛難熬，睡不了軟褥，只能平躺硬地上。

這天有運，收早，準時放工回家，一進門，累得半死的阿森照例倒在大廳地板，女兒未睡，兩星期沒見過爸爸，興奮地撲進懷裏，阿森忽然彈起，摟着女兒說：「啊呀，囡囡，唔記得同你講，千祈唔好畀人知道 Daddy 係警察！」「點解？點解？Daddy 你轉工了嗎？轉了什麼工？點解唔做警察？」

五歲的女兒不明所以，森太看在眼裏，淚已在眼眶打滾：「兩星期沒跟女兒說過話，第一句竟然是說這些。」

※　　※　　※

在警察宿舍跟一班警察和警嫂聊天，聽到許多不為外人道的故事。

有沒有想過，原來校車駛過警署，整架巴士的孩子會一起高唱辱警歌：「有班警察毅進仔⋯⋯」；有沒有想過，教會的崇拜，領禱牧師會說：「為那天在觀塘警署被警察脫去衣服凌辱的女士祈禱⋯⋯」；有沒有想過，電腦科的老師，會教大家製作「林鄭下台」、「黑警食屎」的標語。

有警嫂說，孩子的學校要填表，父親職業一欄，她們已改填「公務員」。

也有警嫂很堅持：「警察不是見不得光的職業，我不會教孩子說謊，但也教孩子不必刻意宣揚，以保護自己。」

有幼稚園本來整個星期都是出外參觀，那天，明明陽光普照，校長卻說因天氣關係，取消參觀活動。醒目警嫂翻出通告查看，原來，這天的外訪是參觀警察博物館，明白，所有跟警察有關的東西，「被取消」是正常的。

　　仇恨，甚至燃燒到課本上。幼稚園課程裏有一個學習主題是「服務我們的人」，我記得我女兒唸書的年代，這課教的是警察、醫生、消防員……但今年，「服務我們的人」這主題下面，雖然依舊有消防員、老師、醫生、護士……甚至清道夫，但警察卻給剔除了、消失了。

　　一幕幕不見血的欺凌和打壓，是暴亂場外一場更卑鄙的殺戮。警察保護市民，但警察的家人呢？誰來保護？

2019 年 10 月 24 日

5. 警察的名字不是神

　　愈來愈多人說，警察最近打暴徒打得狠了，出手不留情了，對暴徒不客氣了，對記者也不再恭敬了……說着說着，彷彿又是執法者的錯。

　　我覺得，大家應該倒帶，看看五個月前的警察。那時候，他們都好聲好氣，「唔好意思呢位先生，唔該你行返上行人路……」「小姐，唔該身份證吖……」「喂，我而家第一次警告、第二次警告……第 N 次警告」。我記得看過一段視頻，內容是警察截停一輛巴士搜查，當時一大堆記者跟着防暴警上了巴士，阻礙搜查工作進行，於是一位警員不斷請記者離開，「唔該記者朋友，請你們下車，唔該，勞煩下車

好不好？唔該，唔該……」結果，那位警員足足講了 50 次「唔該」，記者們才心不甘情不願地下了車。

警察執法，天公地道，本來就不需要懇求別人開路，本來就不需要你感覺良好，不過香港警察是文明之師，他們以為，他們好來，你們就會好去，沒想到，退一步沒有換來海闊天空，反而大家都得寸進尺。

所以，今日你們認為的「狠了」、「不留手了」、「冇面畀了」……其實，只是正常態度。你到過外國就知道，全世界執法者都如是，警察執法，展現的從來都是撲克臉，給你一句「唔該」，只是他文明，不是你值得。

前幾天又有記者在警察新聞發布會中鬧事，抗議所謂的「警暴」，投訴警察在暴亂中向記者噴胡椒噴霧、扔催淚彈、射水炮，甚至有記者被捕。

我還是那句，請倒帶看看，五個月前警察對記者是如何的必恭必敬、如履薄冰、你想點就點，但結果呢？勸喻了一萬次，你們還是要站在暴徒前面做「單擋」，還是只把鏡頭對準執法者而不是破壞法紀的暴徒。

警察不是神，他們的彈藥沒眼睛，記者硬要站在暴徒一方，就要注定吃暴徒一樣的苦，那是你們的選擇，與人無尤。更何況，愈來愈多假記者充斥現場。

剛過去的周末暴動，就有人拍得陳恩明牧師穿着記者反光背心站

在暴亂街頭的照片，當然你可以硬說他幫什麼基督教刊物做採訪，真相如何，你的神一定清清楚楚，騙倒大眾，騙不了祂。

星期日暴亂現場還出現了至少兩個輪椅記者，對，是坐在輪椅上穿着黃背心戴着「press」頭盔的「記者」。說老實，我都好想知道，到底哪家傳媒老闆如此宅心仁厚，請傷殘人士跑新聞，還派他採訪暴亂，不知是善心，還是無良？

還有，那天硬闖警察記招場地宣讀控訴書的所謂「記者」葉家文，她拿的，原來是過期記協記者證，入門登記時還向警察謊稱自己是CNN特派記者，事後CNN澄清無此員工，由此可見，假記者現象非常嚴重。當三個人有一個是假記者真暴徒的時候，也難怪人家會對你不客氣了。

警察不是神，五個月來面對重複又重複的暴力，佛都有火，少一句「唔該」，多一句「行開」，效果一樣，你肯聽，根本沒人能傷害你。

2019 年 11 月 6 日

6. 一個電箱的啓示

什麼叫官僚？這張照片的故事可以給大家一個很好的答案。

附圖是警署對面街豎立的一個電箱，因為近月的暴動，警署往往是受襲目標，所以警方對警署外的一樑一柱特別留神。有警員發現，這個警署外的電箱沒上鎖，經常被人放進古靈精怪武器，於是要求有關部門趕緊處理。

電箱問題最正路就是找電力公司，打電話一問，原來這並非電力公司所有，於是找路政署，路政署說電箱不關我事，你們找地政署

吧，地政署說地是我管，但地上的電箱鎖壞了不是我負責，你找食環吧……

打了一大輪電話，始終找不到電箱上那把壞鎖的認頭人，於是，警察放棄了，唯有自掏腰包買來一條鐵鏈一把鎖，用土法把電箱捆綁起來。

危急存亡之秋，一個執法部門給你致電要解決一個安全問題，各部門還是左推右卸，想像得到，如果這是蟻民的事、是百姓打去的電話，那記太極拳，大概耍到大西洋了。

我住的小村也曾有過類同經驗，因為樹木倒下壓歪路邊欄杆，村長去找政務署，政務署推給地政署，地政署說是建築署的事，建築署說要找康文署，康文署說要找樹木辦，樹木辦要食環先清理地上障礙物……兩個字：玩死。

最經典的一個故事是幾年前在 TVB 新聞特輯看到，說的是後巷堆放雜物問題，投訴人找食環署掃了，沒兩天又有人把雜物堆回後巷，不同的，是有人在牆上釘了幾口釘把雜物掛起來。記者隨食環職員檢視，職員說，雜物升高了、離地了，就不歸食環署管，他們再沒有清理權，他們只管地上的垃圾，不管半空的雜物。我好記得這個個案，因為實在荒謬透頂。

如果各部門能積極配合，這種精細分工的政府本該是高效的。相反，各自為政隨時會演變成各不相干、互相推卸，今日香港面臨的正是這種困境。

超過一百天的甲由「革命」，全賴一個政府部門警隊在苦苦死守，連特首都說，我什麼都沒有，就只得三萬警察。林鄭錯了，你豈只有三萬警察？你還有十八萬公務員，如果這部機器能運作起來，力量之大，又豈是區區甲由能螳臂擋車？

試想想，如果警隊每次出動鎮暴，有消防處的消防員幫忙，第一時間撲滅燃燒彈、操控水炮車；又或者每次拘捕行動，懲教署都能出動幫忙押犯；又例如每隊防暴隊有救護員候命，隨時處理創傷；甚至食環署也在暴亂中候命，幫忙在安全情況下清理路障等廢物⋯⋯讓警察不用站了半天、跑了半天、戰了半天，完了還要做垃圾佬執磚頭推鐵馬復原道路，可知道，他們都是十多二十個小時的值班，鐵打的，也有倒下時。

今日警隊苦況，如同眼前這個電箱，所有政府部門都事不關己，最後只得三萬警察在為小城努力打拚。

2019 年 9 月 28 日

7. 不輸人，卻輸陣

　　跟警察朋友聊天，談到執法者的最痛，一位守在社會最前線的警員告訴我，最讓他徹夜難眠的，是上月發生的兩宗公路斬人事件。

　　今年元旦夜，大角咀發生追車斬人案，兩車夾擊一輛私家車，七刀手下車斬傷司機後逃去，其後更燒車毀滅證據。警方立即展開搜捕並拘 17 名黑幫成員，揭發事件是新義安同門之鬥。

　　事隔五日的下午，一輛駛經太子道東的平治房車突遭兩寶馬夾擊截停，車內又跳出七名刀手襲擊平治乘客後逃去。被斬的證實是將軍澳新義安的門生，斬人的是尖沙咀同門兄弟，事件明顯是黑幫內訌的延續。

　　當晚，西九龍反黑組、油尖區反黑組及機動部隊立即舉行聯合掃蕩行動，大舉巡查黑幫活躍地，之後更在長洲拘捕了匿藏的兩刀手。

　　我說，此事神速破案，何哀之有？

　　警察朋友說，黑社會竟敢公然光天化日下在公路截車斬人，證明他們已不把執法者放在眼內。

　　過往凡有公然的黑社會仇殺，反黑人員會夜夜掃場、反轉地盤，這是蠱惑仔挑戰法律的代價。這次雖也掃蕩，但事後卻不見有警隊最高領導人站出來給社會傳遞訊息：公然犯法零容忍，誰挑戰法律底線，誰就要承擔慘痛後果！

　　有一些事，做了，不夠，還要高調宣布，儆醒天下人，才有震懾

作用。

「幾時開始，我們連向犯罪分子說不的膽量都沒有了！」終於明白，這位前線警員哀傷什麼。

我想起，一位老差骨告訴我一個他教下屬抄牌的故事⋯⋯

當年尖沙咀三角公廁附近常有泊車仔亂泊車，有個新紮師兄上前勸喻，泊車仔愛理不理。老差骨上司知道，立即拉隊做大龍鳳，他要這新紮幫辦領軍，把整條街的泊車仔叫到一起，沒收他們手上幾十條車匙，然後 call 一整車軍裝來抄牌。

車匙被沒收，泊車仔看着整條街的告票，動彈不得。好戲還在後頭，兩小時後，新紮幫辦再帶隊來，再抄。之後幾日，一晚抄幾次，從此，新紮幫辦一步出尖沙咀，泊車仔都會守法把車泊好，對他更是必恭必敬。

老差骨說，如果你穿上制服都叫不動人，都得不到尊重敬畏，三萬警察，如何管得了七百萬人？

這個故事要說明的是，執法者除了依法辦事，還要有氣場、有雷霆之勢，讓罪犯一見心驚，讓市民肅然起敬。

當犯法者對你畏懼，執法就事半功倍；反之，賊惡過兵，則有法也難執，今日香港境況正如是。警察禮讓，壞人兇狠，不輸人，也輸陣，苦了前線，傷了市民，益了罪犯，哀哉！

2019 年 2 月 27 日

一場集體催眠

8. 向警隊落井下石的人

　　帶女兒去了大西北，一直不想看香港事，沿途荒涼，大條道理不上網，直至這天，來到敦煌，畢竟是大城市，晚上窩在旅館看看新聞吧，誰知一看，就夜半兩點。

　　跟我一樣深夜不眠的，是女兒。問她拿着手機在看什麼？她説，在聽同學訴心聲，她的好友正躲在被窩跟她聊天，這同學仔，住在黃大仙警察宿舍，被暴徒襲擊的重災區。

　　經歷了第一回衝擊，警察爸爸已把太太和女兒送到外婆家，自己一人留守家園。日間守城，晚上守家，執法者的非人生活，聽到都覺得累。

同學仔住在婆婆家要早睡，但窩在床上的她半點睡意都沒有，父親來訊息說暴徒又在外面放火掟磚，小小心靈更難承受。她從不談政治，她知道自己的身份在黃絲同學堆中從來沒有話語權，但這一刻，火燒到家門前，她實在忍無可忍。

　　那天，同學仔在 IG 寫點心聲，看回應發現原來這世上只得一個海關的女兒和我家女兒跟她同聲同氣，讓人驚訝的是大家看到這個第一身受害人，竟還可以說出「好心叫你爸爸轉工啦」的輕薄話。

　　翌日看新聞，黃大仙警察宿舍的災情叫人慘不忍睹，遍地磚頭、垃圾，低層住宅的窗戶通通給砸爛，大門被噴上「黑社會之家」幾個大字，真荒謬，維護法紀的是黑社會？砸人家園的是良民？雖知世道已顛倒，但最難明是爲什麼仍有人信奉這新邪教。

　　6 月至今足足兩個月了，想想小小香港最累的是誰？不就是我們的警隊嗎？三萬警察聽來是個龐大數字，但細心算算，執法者是 24 小時服務的，簡單來說，就是要把三萬人分三更，一更就只剩一萬。一萬警察中還有負責情報的、調查的、後勤的、交通、證物處理、庭警、押犯、999……能剩下多少人上戰場對付暴徒？

　　況且，全港還有 18 區大街小巷要警察守護，當社會這裏一個火頭，哪裏一場暴亂，你叫疲於奔命的執法者顧得哪裏？所以，當我看到立法會議員田北辰在臉書上說：「荃灣白衣同藍衣人聚集……如果仲係有警察，我一定追究。」我希望，新界西的選民認住這個人。

　　這些日子，警察防暴隊開工 16 小時是等閒事，高峰期一更要頂足

30 小時。作爲一個建制派立法會議員，田北辰没可能不知道執法者之難處，然而，兩個月來黑衣人的暴行没見他出來譴責；道路被封市民被毆時，没見他找警隊拘捕嚴懲；黑衣人在港鐵作惡時，更没見他爲乘客出頭。但今日，你竟然跟黑衣人站在同一陣線，去追究警方没警力去保護作惡作亂的黑衣人？田北辰你是無知？還是無良？

當看到警署與宿舍的滿目瘡痍，如果仍有人要責難香港警察，不是盲了，就是瘋了。

如果田北辰這時候還要向警隊落井下石，你不再是建制派，不過反對派也没你位置，田二少你將成爲田家又一個兩面不是人的政棍。

2019 年 8 月 7 日

9. 黑色恐怖

朋友從北京回來，約我吃飯，一談到時事，不禁壓低嗓門，左望右望，高度警覺起來。

「愈來愈覺得，內地比香港更有言論自由。」朋友說的，確是事實。這些日子，大家議事論政之前，第一個動作，就是先看看附近有沒有黑衣人。今日香港，連暢所欲言的自由都沒有了。

有朋友甚至告誡：「坐港鐵時玩手機要小心，如果涉及鬧暴徒言論，小心旁邊的人偷拍你手機訊息。」我說：「又如何？」各抒己見，各自表述，為什麼大家都自我約束了、自我審查了？明明光明正大，何解要偷偷摸摸？反而作惡多端的，卻可以大聲夾惡？

是的，因為大家都怕，他們口口聲聲警察濫捕、白色恐怖，其實，他們才是比白色更恐怖的黑色恐怖。

一言不合，可以把你打個半死；一不順眼，可以搶你手機禁錮你半日；你敢跟他們作對？祖宗山墳都給你砸爛；你再反抗就燒你家園、嚇你孩子，盡往你的軟肋插刀。

早前有幾百名醫護人員用最文明的方法，自掏腰包在報上聯署反暴力。

翌日，連登網立即把這批有名有姓的醫生起底批鬥，有聯署醫生的醫務所被打爛玻璃，更有醫生一整個早上被人瘋狂打電話約診戲弄。

爲了滅聲，黑衣人無所不用其極。

警察家屬說，現在填表已不敢填職業，人家問起，只說是「公務員」，無謂引起不必要欺凌。

那天，警察朋友放假到內地旅遊，過關時被內地海關查問：「你做什麼職業？」他已習慣掩藏，低聲說：「警察。」誰知關員一抬頭，熱切地跟他說：「啊，香港警察？你們辛苦了！」旁邊的關員聽到，都圍過來握手，加油聲不絕。

原來，你以爲沒有自由的地方，才最自由；你以爲最安全的地方，才最恐怖。

2019 年 9 月 18 日

10. 裝作雞蛋的高牆

昨天，一位現役督察在網上留言寫了一篇心聲，最末兩句撼動我的心靈：「我們從來不是『高牆』，不要找錯對象！」

這幾天，我多次跟群組的朋友、同學爭拗，他們照例搬出那些「佔中」講到現在的話：「稚子何辜？警察何以殘暴至此？」「學生手無寸鐵，警察為什麼要暴力鎮壓？」「看到學生受傷害很痛心」……我一直反問：「你們沒看電視嗎？為什麼同一個畫面大家看到的東西會如此南轅北轍？」

前高官王永平說：「我只見警察打人，沒看到示威者掟磚。」那我告訴你，王先生，你有智能手機吧？請上 YouTube 搜尋「Now 新聞台直播示威者與警方衝突（17 ／ 24）」，你就會看到 15 分 39 秒無刪剪片段，完整地紀錄了暴徒整個掟磚過程，看完，請記者再問問他：當你每月還在吃政府十幾萬長糧的時候，為什麼仍可以說這種誣衊公務員的謊言？

逃犯條例不是人人懂得講，但是非對錯、暴力還是和平，應該童叟都會分辨吧？為什麼有人可以看着向警察掟磚頭飛鐵枝的人，說是手無寸鐵和平學生？為什麼只是守護我城抵禦襲擊的警察，卻被說成屠城劊子手？

那天有班基督徒團體在金鐘舉牌示威，他們手持的紙牌寫着「殺

人不是榮耀」、「停止射殺學生」……十誡的第九誡是：「不可作假見證」，請這些基督徒講清講楚，誰殺人了？如果，橡膠子彈是一種殺人武器，磚頭更是。

教協副會長兼教育界立法會議員葉建源說：「昨天警方過度武力的清場，用到催淚彈，甚至一些更嚴峻的武器，例如開槍，令愛護青年人的老師非常憤怒。」葉先生，你那句「例如開槍」，明顯有心陷警隊於不義。執法者發射的是胡椒彈、布袋彈和橡膠子彈，你用一句開槍蒙混過去，刻意把警察的行為跟殺人掛着，這種陰險的語言偽術，竟來自一個教育界代表的口。

昨天警務處處長開記者招待會交代暴亂狀況時，記者不斷問的是：你們放催淚煙、發射橡膠子彈前，有沒有做足警告？有沒有違反程序？

現場磚石橫飛、兵荒馬亂，下次生命受威脅，先寄封掛號信通知你好不好？

有個《蘋果日報》記者問一哥：「採訪中有記者被橡膠子彈打中，亦有警員罵記者『記你老母』，你們是否對記者有種仇恨和敵視？」

說人家仇視你之前，先好好檢討一下自己做過什麼？警察不會無端端罵人的，你們《蘋果》的友台《立場新聞》就曾上載過一段片，全程紀錄一個叫林彥邦的記者如何挑釁警察，如果玩警察換來的只是一句「記你老母」而非告你阻差辦公，其實你已經賺了。更何況，幾年來《蘋果日報》天天黑警前黑警後，警察都一直包容，今天吞一句

「記你老母」，還未打和呢！

　　拜託別再說那些學生手無寸鐵的話，全城最強的武裝部隊，卸下戎裝，變回人一個時就真的手無寸鐵。暴亂翌日，平暴的警員被反對派一個一個起底，連家人照片、電話、身份證號碼及家居地址都 post 出來傳遍天下，原來，他們才是最脆弱的雞蛋，反而高牆全都裝成雞蛋模樣，拿着磚頭，把執法者的心狠狠砸碎。

2019 年 6 月 14 日

擺上枱：耳聽爲實 眼見爲虛

11. 一場集體催眠

這陣子，香港出現了一個奇怪現象，就是好大數量的一班人，離奇地以耳代眼。他們只相信別人把口，人云亦云；卻不相信自己雙眼，寧願視而不見。

比起「佔中」、旺角暴亂，今次逃犯革命的洗腦力量最大，它已由集體洗腦，進化成集體催眠。

明明電視新聞片拍得清清楚楚，本地的 TVB、Now，外媒如 BBC、俄羅斯衛星通信社……都有直播暴亂起因，暴徒向警察擲磚飛鐵馬的影像更清晰可見。但事後，被譴責的，竟是執法者；被追究的，也是執法者。一場指鹿為馬的集體催眠行動，正式展開。

這場催眠，是跨國界的，美國商會、歐盟駐港澳辦事處、德國總理府外交政策辦公室、英國外交部、英國下議院、加拿大外交部、美國國家安全部、美國國務卿，甚至美國總統等至少18個外國組織或成員，都異口同聲反逃犯條例、譴責香港警察「暴力執法」。

不知怎的，「暴力執法」這幾個字，從外國人口裏說出來，格外礙耳。我想起，歷時多月的法國黃背心運動，示威者因不滿油價上漲上街，演化成暴力衝突。當時巴黎市內就有12輛防暴裝甲車坐鎮，八千多名警察執勤，結果，騷亂造成十人死亡、逾千民眾受傷、四千多人被捕。這樣的結果，你猜當中有沒有「暴力執法」？

還有 2011 年的美國佔領華爾街運動，警察出動催淚彈、辣椒水驅逐並逮捕示威者，除了防暴隊，還有警犬和騎警守着各個出入口，FBI更把此活動列爲恐怖組織行動，事後也沒停止監控和打擊。濫權與暴力，美國警察當之無愧。

所以，當看過西方國家是如何對付示威者或者驅趕佔領人士，就會覺得，這些國家對香港警察的指指點點及諸多批評，完全是自打嘴巴。

今天，又有人舉起牌子說要「追究濫權警察」了。什麼叫濫權？當警察被襲、當道路被堵、當建築物被佔，我想不到警察有什麼理由不出手制止、平亂，這叫維持治安，這不叫濫權。

濫權是，楊岳橋郭俊宇林卓廷等一眾反對派立法會議員，阻止警察在港鐵截查疑人，企圖阻差辦公、包庇罪犯。

濫權是，暴亂時躲在立法會嘆冷氣食花生的立法會議員莫乃光，把保護他們的執法者臭罵驅趕，企圖與外面暴徒裏應外合打擊警方。

濫權是，議員鄭松泰在立法會上要挾說：「如果政府沒承諾無條件不檢控這星期的示威人士，那所有關於政府的撥款，我都沒辦法支持。」

猶記得，當年劉夢熊寫了封信給時任特首梁振英，希望 ICAC 停止對他的調查，結果，此信成了劉夢熊妨礙司法公正的證據，最後更因此鋃鐺入獄。今日，有人濫用職權，公開要挾政府叫停檢控暴動疑犯，請問，法院的大法官們，你們可有話說？

2019 年 6 月 21 日

12. 偉哥效應

這幾天，山雨欲來。

終於明白反對派為什麼要把 6 月 9 日反逃犯條例的遊行人數吹到
103 萬，雖然學者和警方都用科學方法算過，遊行人數頂多 20 萬，當
然 20 萬不是小數目，但何以要斗膽吹大五倍過百萬呢？這幾天，看到
全城蠢蠢欲動，我明白了，那一百萬，是一種「偉哥效應」。

還記得 2016 年旺角暴動後，警方在黃台仰的天水圍藏匿單位搜出
53 萬港元現金、電磁炮、伸縮警棍、V 煞面具、大麻及過百粒俗稱「偉
哥」的壯陽藥嗎？活在太平盛世的正常人，好難會有擲磚、放火、殺
人的勇氣，除非，他們吃了藥，諸如「偉哥」一類的興奮劑。

所以，當反逃犯條例遊行參與者看到那個超越百萬的數字，大都
感動莫名，那些 103 萬的標題直如一記興奮劑，群組及留言充斥着這
類讚嘆：「我有幸，締造歷史！」「我們的強大、溫柔和驕傲，寫下
香港近代史最光輝一頁。」「The whole world is watching」……

「偉哥效應」讓這種激情持續，已不再是和平表態了，罷工罷課罷
市之聲響徹全城，女兒的 Instagram 全是罷課帖子，連我去街市買菜，
都聽到蛋佬告誡師奶：「多買點吧，明天罷市啊！」平凡太久，大家
都想創造歷史。

歌手何韻詩在臉書號召：「要罷就唔好只罷一日，聽日就要開始！

大機構嘅員工、巴士司機、公務員、機師空姐地勤等等，你哋嘅參與好重要，目的係癱瘓香港經濟同整體運作。」

已經毫不掩飾在干犯煽惑罪了，但執法者敢逮捕她嗎？大家敢譴責她嗎？當然不，偉哥效應讓大家把 20 萬看成 100 萬，於是也會把執法看成打壓。

對殺紅了眼的嗑藥者，道理已不管用，最好的方法是把他們的瘋狂冷卻，此時此刻，警方的水炮車該上場了，洗一下太平地，也淋一下暴徒熱昏了的腦。

別讓前線警員再當暴徒的 war game 對象了，裝備是買來用的，不是用來展覽收藏的，期待一場洪水，洗淨這偉哥效應帶來的瘋狂。

2019 年 6 月 12 日

13. 師奶執法

運輸署找來影星葉德嫻拍短片，指出乘客 12 種不當行爲，呼籲大眾在乘搭公共交通工具時要顧己及人，避免做出不當行爲。因爲葉德嫻的演繹方式獨特，跟政府一向四平八穩的宣傳片不一樣，故短片的網上點擊率很高，成爲一時熱話。

熱話有正面也有反面，因爲葉德嫻的撐「佔中」黃絲背景，好多留言的人都在罵運輸署，爲什麼找一個撐「佔中」的人來宣揚社會道德？爲什麼找支持堵路的人來做運輸署代言人？我思索的，反而是一位警察朋友的問號⋯⋯

「當葉德嫻用嘲諷口脗，向地鐵吃東西的人說：不如打埋邊爐啦！又對抱着地鐵柱練功的人說：不如打個後空翻睇下！⋯⋯我們會覺得搞笑、過癮。原來，一個師奶見到有人在交通工具違規，即場開口糾正，大家都接受，覺得對吖、好吖、無問題吖。但如果，那個是警察呢？」

這些年，大家不斷看到刁民辱警畫面，看到厭，看到悶，看到沒感覺了。執法者提醒你的車違泊，其實跟葉德嫻說你幹嘛一人霸兩個位一樣，是要告訴你，你過了界，你犯了規。但爲什麼葉德嫻這樣說會有掌聲，執法者這樣說卻換來粗言？

一個無人授權的師奶在交通工具「執法」，大家拍手叫好，但一

班有法律賦予權力為社會執法的警察，卻寸步難行兼被諸多挑剔，這是什麼道理？這是什麼標準？

　　昨天警察員佐級協會主席林志偉在新春酒會再次重提辱警罪，屈指算算，「佔中」至今五年了，香港警察也被辱罵五年了，什麼時候，我們的執法者可以挺起胸膛，不再卑躬屈膝執行社會法紀？

2019 年 3 月 6 日

14. 你們不是丟掉眼睛的黃背心

　　本來，反對派議員的廢話大家都無興趣看，但這一篇，不得不花時間看看：

　　「民主派議員嚴厲譴責警方在昨日的上水集會中，其失控程度接近病態，作出違反人類文明底線的暴力行為……一名少年更被警員追嚇至企圖跳樓，警暴問題險逼死一條人命。林鄭月娥堅拒成立獨立調查委員會徹查濫武警察，等同鼓勵警方繼續發洩式傷害市民……警方予市民恃寵生驕的印象，於近月多場示威中刻意以暴力製造騷亂，導致多人受傷、流血，甚至有生命危險……」

　　這是 24 名反對派立法會議員聯署寫的聲明，看完，是否覺得有人

患了妄想症、或者思覺失調？大家都是這樣看新聞，大家都看得清清楚楚誰施暴力，然後，這24個議員說，警察的「失控接近病態」、「作出違反人類文明底線的暴力」、「險些逼死一條人命」、「發泄式傷害市民」、「警方恃寵生驕」……我開始懷疑，我們是否身處同一時空？目擊同一事件？

如果警方的是瘋狂濫權的暴力，那麼，暴徒的又該是什麼程度的暴力？如果反對派議員答不上來，那我就用他們最喜愛的美國標準告訴大家。

在美國，警察有五種不同程度的武力使用守則，因爲執法者的職責是要制服疑人，不是要公平地打鬥，故對方用哪個級別的武力，警察就要比疑人用高一個級別的武力。

舉個例，你動手我又動手，那就只是格鬥，不能制服，所以你動手我就要動警棍，你亮刀我就要拔槍，總之要高一級別，這樣才能達至制服疑人及阻止罪行的效果。

而美國警察的「武力使用守則」規定，若警員本人或他人面臨瀕死或嚴重傷害的危險，或嫌疑犯正在逃脫，警察都可以立即開槍。

類似場面，我相信近日大家在電視上看過不少，譬如有警員被幾十人失常地圍毆，有警員在拘捕疑人後被其他暴徒圍打搶犯……按美國標準，警察早該拔槍、早已鳴槍了，然而，我們的香港警察，不單沒有按國際警例用高一個級別的武力，他們甚至不是用平等武力，而是用低幾級別的武力，即是你用鐵通我用棍，你用磚頭我用口叫你停

手，如果這樣都是「人類文明底線的暴力行為」，請問暴徒那些是什麼？是宇宙無敵超人類文明底線暴力吧？

7月14日沙田暴動當天，法國巴黎也因遊行引致騷亂，大約200名暴徒未經許可衝佔香榭麗舍大道，結果防暴警察拘捕了175人。但同日沙田逾千人的暴動，香港警方只拘捕了47人。

還有早前持續多月的法國「黃背心」運動，除了十死逾千傷，因為防暴警察出動橡膠子彈平暴，致令示威者中已有24人失去眼睛。而香港，我們只見到警察失去手指。

到底是誰失控？是誰暴力？議員們、反對派們，你們不是丟掉眼睛的黃背心，請睜開雙眼認清事實吧！

2019 年 7 月 18 日

15. 尋找不傷人的警棍

有沒有想過,有一天你會在自家後園被警察合法擊斃?而你從沒犯罪,只是蹲下來整理盆栽?

香港人一定覺得不可思議,因為我們的警察揮一下警棍制止暴亂都會被指控濫用暴力。然而,這種事在美國幾乎天天發生,多到傳媒都不願報道。

去年,加州沙加緬度就有一名22歲非裔男子克拉克,在其祖父母家的後院,被兩名警察狂開20槍打死,當時警察以為克拉克拿著手槍,打死後才發現他握的是手機。兩名警察草率的決定奪走了克拉克年輕的生命,經過一年調查,美國檢察院最近宣布,不會對兩名涉事警員提起訴訟,克拉克是「合法被殺」。

如果在香港,殺的又是年輕人,早就翻天了。克拉克母親痛哭說:「警察在我父母的後院處決了我兒子!」但檢察官卻冷靜回應:「我們必須承認,很多時候,警員必須在刹那間作出決定;我們也必須承認,他們是在有壓力、高難度及快速轉變的環境下工作。」

整件慘案我不能認同,但檢察官所言正道出執法者的兩難,也是法治給予執法者的保障。

所以,只要不是故意行私刑、報私仇,在警民衝突中,全世界都是以警察的職責為考量因素,唯獨香港,卻是用暴徒的角度去追

究因果。

由逃犯條例引發的一連串示威、堵路、衝擊與破壞，香港警方的極度克制已讓很多守法市民咬牙切齒。然而，暴民和反對派議員卻惡人先告狀，瘋狂投訴警察「濫用武力」，還要挾政府成立獨立調查委員會對付維持社會秩序的警察。

有人搗亂，就要處理，屢勸不聽，就要出手。世上沒有不傷人的警棍，不想受傷，就應該控制自己的憤怒，好好守法，而不是去怪責別人為什麼執法。

《蘋果日報》昨天的頭版標題是「警察瘋了」，對比起那兩個開20槍射死蹲在家中後園的年輕人，只是揮棍驅散暴民的香港警察，瘋在哪裏？

暴亂過後，立法會被暴徒徹底摧毀，警總被暴民嚴重破壞，但被問責被調查被清算的，竟是執法者。

獨立調查是應該的，不過對象不是警隊，而是暴亂製造者。誰是主謀？誰是幫兇？資金何來？物資出處？物流誰掌？文宣誰做？……就像調查一宗有組織罪案，而最適合的調查員，當然是警隊 O 記，經驗豐富的有組織及嚴重罪案調查科了。

2019 年 7 月 10 日

第三章

一個叫「沒大台」的後台

原來文明可以這樣脆弱，法制社會、禮儀之邦、購物天堂……香港原來美好的國際形象，

一夜粉碎。大半年的黑色暴亂，使小島由天堂跌落亂世。

飛舞的汽油彈、燃燒的地鐵站、野獸般的蒙面暴徒、撞了邪的「和理非」……

全仗一個叫「沒大台」的後台操作。

這是一場集體催眠，這是一個邪教崛起，這更是一個黑社會新字頭的誕生。

1. 哎呀，怎麼現在才發現

這些年，我們說得最多的一句話，就是：「哎呀，怎麼現在才發現！」

看到一街黑衣年輕人在打砸縱火舉中指，問題明顯源於教育，大家說：「哎呀，怎麼現在才發現！」看到一街黃背心假記者，問題肯定源於傳媒監察，大家又說：「哎呀，怎麼現在才發現！」看到一條龍「圍威喂」司法系統，問題當然是源於制度，大家恍然大悟：「哎呀，怎麼現在才發現！」

因為我們沒有反對派的處心積慮，只是見步行步，出了問題才解結，於是永遠處於下風，日日只在補鑊。

既然發現問題，就要重新調整思考方式。今日仍有建制朋友說，反對派搞事的目的是選舉，那是一種短視的看法，他們的目標不是選票，是奪權，選票只是載體。

正如黑衣人的打砸縱火，表面是恐嚇，實際是要萬民歸順。看看市面上只有擺明車馬的「黃店」就知道，只有屈服和歸順，才能平安生存。因為他們的理念，只能騙倒一部分人，要萬民歸順，就要靠嚇。團結一部分，嚇倒大部分，那就達到人人歸順、俯首稱臣的目的。

心理學有種狀況叫「斯德哥爾摩症候群」，當你跟他們走在同一道，他們就給你體貼對待，慢慢，連心也歸順，人心回歸，明顯反對

派做得比建制派成功。最近，他們又提倡一種叫「黃色經濟圈」的玩意，表面上，是鼓勵大家圍爐取暖光顧相同顏色的店，甚至一條龍地提供同顏色的產品供應商，聘用同顏色的員工，只招待同顏色的顧客⋯⋯這種把政治隔離延伸到經濟上的舉動，目的，說穿了，就是爲「港獨」鋪路。

「誰說沒了國家支撐會餓死？看我們的黃色經濟圈店舖生意多滔滔，反而非黃經濟圈都在吊鹽水。」有位黃店店主如是說。

細心看看，那些貼滿連儂紙的小店，總是迫滿客人，有些更長期有人排隊造勢，讓沒顏色的店舖也蠢蠢欲跟。當這個黃色經濟圈愈壯大，就會愈多人相信「我們可以自給自足」的假象。

「黃色經濟圈」五個字，背後隱藏的，其實就是一個「港獨」實驗室。中大社科院甚至搞了個「互助經濟圈研討會」，由院長趙志裕主持會議，找來一大班「黃學者」，研究如何由懲罰藍店，發展到取代紅色資本市場。以學術作推手，把「港獨」由地上塗鴉捧上更高層次。

如果讓這力量萌芽壯大，如果仍視他們是一班小店一班黃人在圍爐取暖，幾年之後，大概我們又要再說一次：「哎呀，怎麼現在才發現！」

2019 年 12 月 11 日

2. 割人頭的紀錄者

　　香港有一個空隙，反對派很懂得用、也用得很盡，那是一條大大的法律罅，掌控它不單可以多了一批助攻手，更可以成爲致命的狙擊武器。它的名字叫「傳媒」，擁有的力量叫「第四權」。

　　「第四權」是指行政、立法、司法以外的第四種制衡力量，如同一切權力，運用得宜，第四權會是很好的社會監察器；若濫用、或運用失當，這權力就會變成一種恐怖特權，甚至致命武器。

　　今日香港正正在示範第四權失控後，記者原來可以變成拿着相機的恐怖分子。

我沒有誇張，今日好多暴動現場的記者，他們的行為基本上已跟恐怖分子無異。伊斯蘭國的割人頭片大家該看過吧？片段中有人活生生割人頭，有人現場直播拍紀錄片，你一定會認為下手那個是恐怖分子，但拍片那個呢，也是恐怖分子吧？

有一些殺手是站在台前，有一些殺手是藏在背後，沒有拍攝、剪輯、傳播斬人頭片那班恐怖分子，只靠鏡頭前一個刀手，就能成就聞風喪膽的伊斯蘭國恐怖主義嗎？

五個月了，我們看太多「私了」片段，不，我們不應再跟從暴徒語言，我希望大家以後稱之為「私刑」，不是「私了」。

這些私刑背後，如果沒有鏡頭做助燃劑，會一宗又一宗，沒完沒了，愈打愈暴力，前天甚至把無辜市民暴打完，再脫下衫褲底褲羞辱嗎？

這麼多私刑視頻，大家可有聽過圍拍的記者說一句「好了，停手，別再打」？可有見過鏡頭不是對着受害人而是對準施暴暴徒？我們明白這種舉動很危險，但如果所有現場的真記者都是這樣行動，一齊把鏡頭對準暴徒，他們能這麼囂張嗎？如果暴徒一棍打下來，那不就是徹頭徹尾的打壓新聞自由、打擊公眾知情權嗎？

1994 年普立茲新聞攝影獎得主凱文卡特（Kevin Carter）的得獎作品，是蘇丹大饑荒的一幕，照片是一個皮包骨小女孩瀕死般趴在地上，而她背後卻站了一隻準備攻擊獵食的禿鷹。

這照片讓凱文拿了國際知名的新聞獎，卻換來世人質疑：為什麼

你看到此情景，第一時間竟是舉機拍照，而不是立即抱起小女孩？這女孩最後給禿鷹吃掉了嗎？你於心何忍？你的良知哪裏去了？……

凱文得獎後兩個月的一個晚上，開車到南非約翰內斯堡一個小時候常去玩的地方，在車內以汽車廢氣自殺，結束了 33 歲的年輕生命，他死前留下一張字條：「我被鮮明的殺戮、屍體、憤怒、痛苦、飢餓、受傷的兒童、快樂瘋子的記憶糾纏不休……真的，真的對不起大家，生活的痛苦遠遠超過了歡樂的程度。」

今日看到滿街暴力紀錄者，他們也許跟拍攝割人頭恐怖分子一樣冷酷，也許跟凱文一樣其實內心淌血，黃背心下，忽然覺得，「記者」二字，已成了一種人性的污辱。

2019 年 11 月 4 日

（原文刊登於 HKG 報）

擺上枱：黃背心 = 真記者？

3. 頭盔花盆，也是一種文宣

大家都說，反對派的文宣很厲害，政府的宣傳則是一敗塗地的。

我不同意。因為在我看來，政府根本沒文宣，400多人的政府新聞處，形同虛設，沒出手，何來敗？有人說，今次反修例事件，反對派有國際級文宣，強弱懸殊，根本沒得鬥，敗陣，是必然的。我又不同意。如果，你努力過、你付出過，最後戰死沙場，老百姓會諒解，問題是，你們真有盡過力嗎？真有以死相搏嗎？沒有，我們看到的，反而是一幕幕政府為反對派助紂為虐。

最明顯的例子，是所謂連儂牆。

今次區議會選舉反對派大勝，我覺得，全香港六個月來四處可見的所謂連儂牆及塗鴉，是他們最大型的助選團。幾個月前我在中環中國銀行總行門口的馬路走過，斑馬線上噴着大字：「警察殺人強姦」。幾個月後選舉都完了，再走過，那大字仍在。試想想，如果我在那區返工，每天上班下班吃午飯時都有「警察殺人強姦」的印象映入眼簾，久而久之，就會被洗腦，就會漸漸相信那是事實。

所以，當食物及環境衛生局局長陳肇始決定不動那些塗鴉那些牆，她就成了反對派文宣的助攻手，為整個暴動添柴撥火，為反對派候選人提供最多最廣最有力最無本的政治表態平台。

滿街所謂連儂牆及塗鴉，除了影響市容，最重要是表達兩種訊息：

一是政府默許違法行為，二是政府認同所寫內容。看到社會上有人用公共空間散播謠言而不阻截，你已是傳播謠言的幫兇。

半年了，各區所謂連儂牆仍「健在」，還不時更新內容，荃灣港鐵站更用大半條路搭了個一比一的「太子站」出來讓人供奉獻花，這樣的文宣平台，似乎會繼續下去，玩到明年立法會選舉。

最近，秀茂坪巴士站出現了一些極具震撼力的抹黑警察文宣，彩色海報精準地貼正巴士站的廣告版位，看來，是非法的，但看來，也沒人敢撕下來。當一個巴士站的文宣沒人敢動，這種模式將會在各區巴士站遍地開花。

同日，中大校園教職員宿舍附近的路邊欄杆上出現了一個個「頭盔花盆」，有人拿暴徒用的頭盔種滿五顏六色的花，掛滿校園，既浪漫又栽種希望的意味。如果，這些頭盔花盆沒給摘下來，這種文宣，又將會在中大山頭甚至香港街頭遍地開花。

文宣，其實不但是文字、圖片、歌曲或者視頻，一幅畫一盆花，都是一種態度一種表述，如果當權者讓它存在，就是默許它傳播。全民被洗腦，就是由最初的不想管、不敢管，到最後漫山遍野管不了，然後哀鴻遍野、血流成河。

2019 年 12 月 6 日

4. 有一種罪行叫冷眼旁觀

幾年前，有位外國朋友來港旅遊，他問了我一個奇怪問題：「我最遲要幾點返回酒店？」

「吓？你喜歡幾點就幾點，自由社會嘛，沒人理你的。」

「我意思是，晚上幾點開始不要在街上流連？」

「吓？香港很太平的，治安也很好，你喜歡玩到幾點都可以，香港人只擔心夜了回家能否趕及尾班車，很少擔心夜晚走在街上不安全。」

外國朋友聽了，覺得不可思議，我們習以爲常，身在福中，想像不到一天黑就不要外出是什麼樣的一種恐懼。

幸福太久的人，會患上幸福疲勞，有時甚至會靜極思動，想體驗一下亂世的刺激。這個月，整個香港就像進入這種狀態。

不要穿黑，也不能穿白，沒病別戴口罩，在街上千萬別隨便舉機，人家打砸搶燒你不要理，車路被擋就乖乖期待一幕摩西過紅海，千萬別逞英雄落車拆路障……人心糜爛的速度超乎想像，那天看網站直播，一班暴徒在馬灣區議員譚凱邦帶領下，來到立法會議員何君堯的辦事處，把玻璃門砸爛，把整個辦事處裏裏外外完全摧毀，暴徒更加鑽進辦事處抬走電腦設施。

一宗非常嚴重的刑事毀壞及爆竊案，卻是在眾目睽睽、公職人員帶領、百人起哄、全世界直播下，公然進行，而又沒人干預阻止、或

者報警求助，最後罪犯更在歡呼拍掌中全身而退，沒一個人被捕，包括完全能有證有據找上門抓他的區議員譚凱邦。

恐怖的，不單是那種野獸式的破壞，而是其他人的冷眼旁觀。

這場刑毀及爆竊不是發生在夜半，而是光天化日下進行，商場有過路者、有保安員、有管理員、有其他店舖的店員店主，但是，大家只敢遠觀，不敢哼聲，當然更不敢制止。最重要，是暴徒身邊，還跟了一班穿着黃背心拍照的記者，他們看着暴徒鑿爛玻璃，只若鯊魚見血，拍個不停。有個休班警員路見不平，上前看個究竟，也被圍毆至倒地昏厥。

穿上一身黑衣，就成了社會判官，要你生就生、死就死，不合我意，死了也給挖出來鞭屍。何君堯的祖墳被翻、被砸、被塗污，竟然也有人叫好，到底這是什麼病毒？把好端端的香港人變得如此禽獸不如？

我心想，如果這不是一場刑毀，而是一回強姦，記者也會興奮直播嗎？旁人也繼續事不關己嗎？目睹罪案發生，原來大部分人都選擇做幫兇，因為挺身而出代價太大。

曾經，這裏是世界上最安全的城市之一，今天，我不敢再說這種話了。

2019 年 7 月 24 日

5. 溫柔的暴力

算是讀過中文、學過修辭，甚至寫過篇文字學論文，卻一直沒想過，原來「暴力」這個名詞前面可配上這麼多意義相反的形容詞，譬如：有秩序的暴力、克制的暴力、溫柔的暴力、自律的暴力……幾乎脫口而出大叫：哈利路亞，偉大的暴力！

七一那夜，如果你不是圍着電視，也會盯着手機，與全香港人一同見證這幕立法會暴力衝擊。有人在日本看到電視新聞，把衝入立法會的人直呼「暴徒」，國際標準都如是說，只有我們的媒體仍堅持仁慈地叫他們「示威者」。

可惜，打砸搶燒的行為避得了「暴徒」二字，卻避不了「暴力」事實，目睹他們在立法會風捲殘雲式破壞，忽然想起，當年八國聯軍攻入圓明園大概也是這種模樣，只差最後沒一把火把頹垣敗瓦燒清光。

看他們用鐵枝鑿爛電子屏幕，用長棍把閉路電視一棍扑碎，用噴漆四處塗鴉，把文件櫃推倒、把畫像撕爛……我覺得，新聞片應該配上這首歌《難為正邪定分界》。

「努力興建，盡情破壞，彼此也在捱。世界腐敗，犯法那需領牌；法理若在，為何強盜滿街？人間的好景，給我一朝破壞，難為正邪定分界……」

這天，看到暴徒大肆破壞，我天真地以為，這幕暴力該能敲醒民心吧？我正期待，明天一覺醒來反對派的懺悔。

　　誰知，一扭開電台，打電話去烽煙節目的大多是暴力鐵粉，一名女子聲淚俱下說：「他們沒有傷人害人，只是向死物發泄，那是有秩序的暴力……」

　　嘩，長知識了，原來，破壞死物是沒問題的、還會有光環的…。

　　沒多久，又看到作家董啟章的臉書留言：

　　「沒錯，他們有破壞，但他們不是暴徒。他們是有秩序地破壞、克制地破壞。他們的破壞是象徵行為，是表態方式，是表示義憤的方式。過程中他們沒有傷害過任何人。相反，他們帶着犧牲的準備。我們是不是應該反思一下對暴力的理解？抗爭者真的很暴力嗎？由始至終，他們也沒有對任何人施加暴力。除了 12/6 第一波衝擊有零星的擲磚，其他時候都沒有侵害人身。所有暴力傷害人身的都是警察、撐警暴民和黑社會分子。流血的全都是抗爭者，自殺而死的三位也是抗爭者。究竟誰是暴徒呢？破壞立法會的死物就是暴力嗎？這是對無能的政府、無恥的建制派、不民主的政制的憤怒表態。」

　　如果，我闖進你的家把所有東西打爛，但沒強姦你女兒、沒毆打你兒子，請問，這算不算暴力？算不算犯法？

　　昨日點算損失，被破壞的立法會至少要花幾千萬重修，被打爛及盜走的保安設施重新設置至少要花一億元，誰埋單？當然又是你和我

這些納稅人。

　　我在此建議，先不要清理這立法會廢墟，就免費開放一星期給全香港人參觀吧，讓大家憑弔一下這歷史現場，看看這人間罕有的「有秩序暴力現場」，給全人類好好做一次暴力教育。

2019 年 7 月 3 日

擺上枱：戴墨鏡的旁觀者

6. 無名的圖騰

　　她是黑衣人的英雄，是暴徒的圖騰，她名字叫……啊，對不起，英雄沒有名字，連她自己都只是這樣形容：「我就是爆眼那個女子。」

　　像所有暴徒，由頭包到腳是他們的標誌，明明說自己在做偉大的事，卻全部見不得光。

　　爆眼那天，大家都看到她的照片，好多記者都在現場拍攝，卻沒一段報道告訴大家：她是誰？連新聞，都叫她「爆眼女子」。

　　我好奇怪，新聞是這樣做的嗎？記者入門第一課學新聞報道，一定要有 5 個 W、1 個 H，即是 Who、What、Where、When、Why、How，這是最基本的信息，但對爆眼女子的報道，什麼都有了，獨欠一個 Who。

　　她到底姓甚名誰？做什麼職業？年齡多大？來自什麼家庭？在暴亂中擔任什麼角色？……爲什麼從來沒人提及她身份？爲什麼連傳媒都要在報道時爲暴徒戴上頭盔口罩？英雄不是要歌頌嗎？爲什麼一張圖騰要如此藏頭露尾？

　　昨天，爆眼女子終於出來了，她現身拍下視頻，不過，依然是由頭包到腳，還用了變聲器說話。

　　我疑惑的，是她怕什麼？獨眼已成了暴動的 Icon，爆眼女子應爲自己的犧牲自豪才是，她的家人應以有此女兒光榮才是，明明是光宗

耀祖的事，爲什麼把臉藏起來？爲什麼把名字把身份都藏起來？除非，連你們自己都覺得羞人、覺得面目無光。

更疑惑的，是爆眼女子爲什麼至今仍不肯報警？你在街上無端端被不知是誰捅了一刀，你會不報警嗎？受重傷而誓死不報警的會是什麼人？自己想想吧。

爆眼女子在視頻中這樣說：「特首林鄭月娥對警隊的所謂包容，警務處處長對下屬的縱容、放任，令香港警隊由一隊理應維護法紀、保障市民生命安全的紀律部隊，變成一隊以意圖謀殺、殘害及虐打香港市民爲己任的組織，你們辜負了令香港成爲全球最安全城市以及穩定社會的抱負，愧對港人。我，以一名受害者的名義，對香港政府以及香港警隊予以最強烈的譴責，並呼籲警隊停止對香港市民作出一切的暴力行爲，以及謹守你們的職能，嚴正執法，以絕元朗、荃灣、北角及將軍澳的恐襲事件再次發生……」

留心看看，她沒有說是誰令她失去眼睛，她只敢說，「以一名受害者名義」譴責警隊，到底是誰害她？她沒有直言，也不敢直言。我們不知真相，但如果打爆她眼睛的是警察，反對派怎不大鑼大鼓列隊出來開記者招待會抽水？反而這樣鬼鬼祟祟拍段視頻就算數？聰明的香港人，你懂的。

2019 年 8 月 30 日

7. 私刑之後……

恐怖主義之所以叫恐怖主義，是因爲它透過恐怖行爲，散播恐懼。伊斯蘭國（ISIS）之所以能名揚天下，是因爲他們選擇以慢割人頭這種史上最兇殘手法，震懾全世界，讓比你強的人都產生莫名恐懼。

那天，當我們看到一名過路市民只因爲不同意見就被黑衣人潑易燃液體然後點火，那個慘叫逃跑的火人，成了許多香港人心中恐懼的烙印，如同當日我們看 ISIS 直播割人頭時的震撼，這一幕，代表新恐怖主義正式降臨。

今日的民主原來是，一言不合就可以把一個活生生的人燒掉，我以爲，自己回到了十四世紀聖女貞德被燒死、旁邊還有人拍手圍觀的野蠻年代。

毛孟靜說過，他們破壞的只不過是「死物」，那這位被點火焚身的地盤工友呢？有沒有記者可以幫我問問她：毛議員知道一個人的獸性是怎樣煉成嗎？就是由打死物開始。

香港每日發生的事太多，今日中大的戰事已把昨天的「火人」新聞淹沒了，然而，許多醫生朋友都說，這種燒傷，第二、三日才會進入危險期，灼傷的內臟會發炎，燒傷的身體會細菌感染，治療也是漫長和痛苦的。然而，往後這些苦，沒人會關注，這「火人」連名字都沒有，也將漸漸被遺忘。

其實跟「火人」同日，也有另一市民被暴徒行私刑，打至昏厥，最後更被燒焦雙腳，因為沒有視頻，只得一張照片，沒有太多人關注。倒是一個被誤以為是內地人的日本遊客被打，和一個女人被大班男人圍毆，因為有了新視點，才引來多一點眼球。

每逢看這些私刑新聞或視頻，我們都會問：那人後來怎樣了？然而，從來沒有人能給我們答案。5個月來，所有被暴徒行私刑的人，連基本資料都沒有，沒名字、沒職業、沒年歲、為什麼被打傷、傷勢如何、有什麼後遺症、家庭狀況怎樣、經濟狀況如何……無人知曉。

被私刑小市民的名單，本來是一本厚厚的罪證，奇怪，卻一直沒人跟進、整理、發放、廣傳，反而暴徒天天 721、831 的琅琅上口。不過是幾個數字，完全沒有實證，已成了打砸搶燒的藉口。我們明明拿着幾十個私刑罪證，卻天天在跟著暴徒的指揮棒解畫，不懂以實證反擊，實在奇蠢無比。

內地有位網紅「兔主席」曾經在一篇文章中這樣說：「我們必須積極保護、出手援助我們在香港最堅定的支持力量——本地藍營與港漂。如果失去他們，可能讓我們在香港喪失政治上最可靠、可能也是最後的基本盤。」

幾十個站出來挑戰暴徒然後被施以私刑的小市民，有人關心過他們的狀況嗎？有人為他們以後的生活籌謀過嗎？沒有的話，他們就是香港喪失中的基本盤。

2019 年 11 月 13 日

8. 國家的負資產

有一種現象叫蝴蝶效應，指的是一隻蝴蝶在這裏拍翼引起的空氣振動，隨時影響到地球另一個角落的生態變化。這陣子我在大西北的旅途上，就深深感受到這種神奇力量。

與女兒結伴穿越青海、甘肅兩省，跑了二千三百多公里路，穿過戈壁，走進沙漠，踏遍草原，跟着壯麗風景走。以爲離開紛亂世界，生活不會再受黑衣人破壞，没想到，沿途遇上的食店夥計、旅館老闆、賣紀念品的大娘、賣手切糕的新疆漢子，一聽到我們從哪裏來，第一反應竟是：噢，香港來的……

到內地這麼多回，從未有過這樣的經驗，就是大家聽到「香港」二字，會眉頭一皺，起了惻隱，甚至提防之心。

那天走進西寧市的郵政局寄明信片，門前警衛知道我們來自香港，一臉同情：「哎呀，你們那邊不安寧啊！」

「你們都知道？」

「怎會不知道呀，新聞聯播天天講，香港暴亂得厲害，慘啊！」

原來，我們真的來自亂世。

蝴蝶拍翼的影響，除在於大家對香港人觀感的轉變，還有真實的牽連。

這天，來到柴達木盆地東北邊緣的小鎮大柴旦，以爲可在天黑前

趕上旅館休息，誰知一拿出回鄉卡登記入住，台前職員立即耍手撐頭說：「啊，港澳台？對不起，我們不能收。」

明明預訂了房間，因為「香港人」身份，竟被拒諸門外。結果提着行李跑了幾家旅館，才找到下榻地，拿到門匙那種感恩，是前所未有的。

問個究竟，職員說：「因為香港屬於敏感地區，最近又有暴亂，所以公安部明言我們不能接收來自這些區域的客人。這個鎮只得兩家旅館可以收港澳台客。總之，你們這些有『港獨』『台獨』的地方，跟『藏獨』『疆獨』一樣，大家都不敢亂碰，少惹為妙。」

以為在小鎮不受歡迎，沒想到，來到城市敦煌，一樣被拒。本來訂了城南五公里外鳴沙山旁的小客棧，結果回鄉卡一揚，原因一樣，又落得被拒住的下場。

司機大哥說，青海和甘肅都屬於蘭州軍區，這裏接近新疆和西藏，又多回族人，所以管控較嚴。如果路上碰上公安檢查站，看到回鄉卡，就更要耽誤行程了，你知道啦，香港現在不太平……其實，你們到底知不知道暴亂社會有多可怕？好端端有太平日子卻不願過……

忽然覺得，香港人原來已成了國家的負資產。

2019 年 8 月 9 日

9. 以腳還腳

在報章看到一則新聞，有點摸不着頭腦，姑且擺出來讓大家齊齊研究：

「法國周四（五日）起發起全國大罷工抗議政府改革退休金制度，網上平台『高登討論區』派出六名記者到當地採訪，其中一人被當地投擲的『突圍彈』擊中，小腿流血，入院取出突圍彈碎片後出院。入境處表示，至今未接獲當地港人求助。」

疑問一：

恕我孤陋寡聞，今日才知道「高登」原來是一家媒體，有記者的，而且財雄勢大，為了一則不關香港人事的法國大罷工新聞，竟然派遣六名記者遠赴法國現場直擊，犀利過 TVB。

據我們一向認知，「高登」只是個討論區，大家七嘴八舌進去發表意見，有的留言精闢，但大部分都是粗口爛舌不堪入目純粹發洩。好聽點說就是網上的「城市論壇」，準確說其實就是一班「烏合之眾」，這樣的一個平台，竟然無端端有六個記者，不知是不是拿着香港記者協會發出的國際記者證？然後遠赴法國，採訪一宗國際新聞。

那些高登記者，是網民？是打手？還是管理員？你們受過新聞採訪訓練嗎？知道法國退休金制度是怎樣嗎？有記者就要有編輯，高登的總編輯是誰有人知道嗎？

聽說，他們叫自己做「公民記者」，即是連媒體招牌都沒有的一群人。半年來，這種不明來歷的人一直在香港暴亂現場中橫衝直撞，不受監管，卻擁有至高無上的第四權，習慣橫行，難怪跑到法國就出事了。

疑問二：

《明報》報道有高登記者在法國採訪期間中彈受傷，奇怪，香港記者協會沒譴責法國警方罔顧記者人命、打壓新聞自由，反對派立法會議員也沒帶隊去法國駐港領事館要求解散法國警隊，黑衣暴徒更沒有去「裝修」法國餐館、法國時裝店，民陣遊行的 dress code 沒有用枴杖沒有包紮着小腿說「以腳還腳」……

一樣的子彈，不一樣的反應，香港的暴徒和黑記，面對國際標準，他們還是欺善怕惡的。

疑問三：

正常人在海外遇事，找香港入境處或中國領事館幫忙是正常反應，但這位高登記者，受了槍傷卻不向任何官方機構求助，「身有屎」的感覺，不言而喻。

一則小新聞，反映出香港的大問題，今日謠言滿天飛，那些無王管的黑記黑媒，正是禍首之一。

2019 年 12 月 9 日

（原文載於「港人講地」網站）

10. 你們革了誰的命？

　　上星期，我在臉書貼了一張照片，那是朋友傳來的一個城市定格，照片是一個佝僂着背的老婆婆，蹣跚地踏着玻璃碎爬上樓梯。

　　因爲暴徒把小城許多升降機毀了、燒了，不良於行的老人家唯有一步一步艱辛上天橋，看她緊握的扶手旁邊是一個穿了的玻璃大洞，腳踏的樓梯是滿地玻璃碎，心痛，更憤怒。

　　類似畫面，這陣子碰到很多，都是社會的弱勢社群，他們在爛溶溶的城市中走動，格外無助。

　　有一回，在被砸爛的紅綠燈前遇到一個外傭推着輪椅在猶疑，燈號沒有了，於是大膽行人衝過去嚇停了車，然後大膽的車又駛過來嚇窒了人，人車在爭路，因爲所有人都在趕時間。險象環生下，那外傭始終不敢踏出第一步，畢竟僱主性命在她手上，冒險不得。

　　那天聽電台峰煙節目，有個失明人士打進去，請求暴徒：「不要打交通燈好嗎？」原來，自從街上紅綠燈被摧毀，失明人士再聽不到綠公仔出現時的「嘟嘟」聲，沒了聲音提示，他們茫無頭緒，這馬路，過還是不過？要過，怎過？

　　還有一次，我和幾個街坊相約吃晚飯，酒過三巡，早由來了，他們迅速封路、設路障，此路不能通，那路不能走。我們趕快把晚飯吃完，但街上已無路可走、無車可行。大家都是順民，一眾街坊無奈說：

没車，就走路回家吧！

我們住的小村坐落山上，要爬幾段大斜坡。平日習慣搭小巴，偶爾步行出入，耗時起碼 25 分鐘。那天，因爲陪着腳傷的街坊，我們足足走了一小時十五分鐘。看着那街坊一步一拐慢慢爬上山的背影，我不禁問：封死那些路、打爛那些燈，就能追求到民主嗎？你們要自由，就要剝奪別人的自由？就要欺負社會上的弱勢？

港鐵封了，你們可以揚手截的士回家，但社會上有些人，根本花不起這些錢。

有個售貨員告訴我，没港鐵的那天，她轉了幾回巴士，足足用了四小時才到家。又有個朋友說，那天遇上暴動，在荔景站被逼下車，那裏巴士線不多，她唯有坐巴士到秀茂坪，然後由秀茂坪步行回將軍澳。

這天，港鐵站天橋上又有一老婦人摔倒了，因爲地上貼滿文宣大字報。塗了膠水的紙特別滑，這些所謂「連儂地」一天起碼摔倒幾個長者，遲早有人跌穿頭、搞出人命。

看着滿城弱勢社群的悲鳴，不禁要問：時代革命，到底你們想革誰的命？

2019 年 10 月 16 日

11. 我的狀態：放血中

這陣子，幾乎晚晚出外用膳，因爲不同群組都發起振興經濟行動，一來希望爲食肆的寒冬送暖送炭，二來也要找同聲同氣同路人圍爐取暖舒舒悶氣。

有做專業人士的高學歷朋友告訴我，他們對現況絕望到一個地步，是齊齊夾錢去鵝頸橋底打小人。他們找了個最紅最靈驗的「職業打手」，寫下一大串禍港名字，重金禮聘「打手」狠狠的打。

朋友說，那位打手阿姑檢查他們的「小人清單」時，忽然說：「喂，你哋漏咗個仆 X 陳方安生喎！」大家笑作一團，孽帳太多，好彩阿姑你醒目！

他們說，這夜阿姑打得特別起勁，因爲不單爲顧客、爲香港、也爲自己，原來我們以爲與暴亂風馬牛不相及的行業打小人，也被波及，這位銅鑼灣鵝頸橋底最紅的「打手」，自 6 月暴亂至今，生意足足跌了九成，因爲她的客人主要是遊客。

靠遊客撐起生意、跟打小人阿姑同樣命運的，還有酒店業，這幾個月酒店的平均入住率只得六成，個別更低至三成，員工已開始減薪放假甚至被解僱。

比酒店更慘淡的，要算是入境旅行團，這行業名副其實進入了淒厲的寒冬，據統計，香港現在只剩一成入境團，對應倒下的骨牌行業，就是旅巴生意，旅巴司機已近乎全面停工，有些旅巴公司更面臨清盤。

遊客止步是一記火燒連環船，首當其衝是旅遊業，慢慢餓死的是大小商戶。有酒樓經理說，他們九月份的單月虧損就高達三百萬。

朋友在幾個旅遊旺區開了五家餅店，原本生意滔滔，誰知 5 月開始勢頭不對，6、7 月營業額更是高台插水，他形容現在自身狀態是：「放血中」，試過一日五間舖加起來只做了 6000 元生意。

朋友說：「我們的店多是在商場，大地產商的商場合約一般是綁死商戶的，舉例說，你簽了三年約，商戶若只完成一年租約便結業，商場業主有權追討未完成租約的租金，即是說，即使執笠，也要賠償餘下兩年的租金。業主為防止商戶破產未能繳付欠款，會要求東主或公司董事簽署個人擔保，承擔公司破產後尚欠之債項。也即是說，拉閘之後，公司要破產，商店老闆也要破產。正因為不能隨便違約結業，我們唯有每天開門死撐被放血。」

「直到有天撐不住，公司便會破產，變賣家財償還未完約的欠租，不夠數，就輪到我破產，賣掉房子，去申請公屋。」朋友已作了最壞打算，也預計未來半年，將會有成千上萬像他一樣的中小企或小商戶拉閘倒閉，相信個人破產個案亦會急升。

當小商戶在每月放血、零售員工朝不保夕，但大地產商卻繼續收租，原來，暴徒磨刀霍霍插向的是中下層市民心臟，絲毫動搖不了手握大部分財富的財團巨賈。

黑衣人四出搗亂說「攬炒」，但到底他們知不知道，自己究竟「攬炒」了誰？

2019 年 11 月 8 日

12. 無國界攻心計

　　香港人很容易被兩個字騙倒，這兩個字叫「國際」。只要你打個「國際乜乜」、「國際物物」的旗號，就會有人膜拜、有人相信、有人追隨，最近又有一新例……

　　有個叫「無國界記者」（RSF）的國際非政府組織（NGO）最近忽然紆尊降貴來香港開了個記者招待會，公布2019年世界新聞自由指數的調查報告。這個成立於1985年，總部設在法國巴黎的國際組織，爲什麼會跑來香港這小地方發表他們的報告？事出當然有因。

　　「無國界記者」組織東亞辦事處執行長艾瑋昂（Cédric Alviani）在香港開記招時，右邊坐了個立法會議員毛孟靜，左邊坐了個記協主席楊健興，看這陣勢，大家都知道、猜到這份報告要「黑」誰。

　　果然，調查顯示，香港的新聞自由度又再跌，在180個國家或地區中位列73，被歸類爲第三級「問題顯著」。而中國更是位列177，屬於最差的第五級「狀況惡劣」，排在世界尾四。

　　那位執行長更無端端提到，香港政府一旦通過《逃犯條例》，駐港記者人身安全將面臨威脅。而無論通過23條立法還是修訂《逃犯條例》，必然對港新聞自由指數帶來負面影響。

時間夾得剛剛好，就在我們議會討論《逃犯條例》時，這個國際組織忽然跑來搭嘴，居心何在？更奇怪是，最近為什麼忽然這麼多外國人關心我們的《逃犯條例》？為什麼大家都為逃犯說話？難道大家都喜歡讓逃犯穿梭各國自出自入？

我不知道那些新聞自由排名是怎算出來，我只知道用「香港沒新聞自由」來嚇唬香港人是最無效的。誰都知道香港最惡是記者，得罪他們下場慘過得罪黑社會，看看昨天《蘋果日報》就是一例，竟然有一整版號稱「廣告」的東西嘲諷國家領導人梁振英先生，可見香港的新聞有多自由。

對於排名大家一笑置之，但聽到什麼「無國界記者」多少會怯一怯，畢竟是國際組織，他們如此批評，可能真有點理據。

我想告訴大家，這個係威係勢名字背後的一段古……

其實「無國界記者」早在 2012 年就被驅逐出聯合國教科文組織，因為它被揭發長期接受美國國家民主基金會（NED）和中央情報局（CIA）的資助，而「無國界記者」所做的人權報告也要經過美國政府的指引和審核。

2008 年之前，「無國界記者」的主力都放在拉丁美洲，尤其盯緊古巴、委內瑞拉等幾個讓美國頭痛的國家。查其開支，只有 7% 是用來救助受壓迫的記者，其餘開銷都是用來支持古巴、海地、委內瑞拉的反對派。

於是，2012 年 3 月 8 日，聯合國教科文組織執委會決議撤除「無

國界記者」NGO 的地位，理由是它「違背新聞倫理，其工作令人質疑。」

別被什麼「國際」、「無國界」嚇怕，一個被聯合國踢走的組織，跑來香港玩攻心計而已，那些所謂調查，根本不值一晒，更何況，偉大美國的新聞自由都是排 48，小小香港排 73，不失禮吖！

2019 年 4 月 24 日

擺上枱：暴徒的「法槌」

13. 這筵席，誰埋單？

「緩刑」二字，常在報章法庭版出現，一般市民的認知，「緩刑」即是不用坐牢。

「佔中」發起人朱耀明判囚 16 個月、緩刑兩年；李永達和鍾耀華判囚八個月，緩刑兩年⋯⋯於是他們可以昂然踏出法庭，又再高呼無怨無悔。

然而，「緩刑」的意義其實是這樣的：先暫緩監禁，如果緩刑期間再犯任何罪行，檢察官會向法院申請撤銷緩刑，被告就要返回監獄。所以，「緩刑」是希望罪犯以良好行為向社會證明他願意更生改過。

即是說，以上三個「佔中」犯，只要兩年內犯法，「緩刑」令就會被撤銷，他們通通要進監房服刑。

兩年太久，政客只會爭朝夕。於是，他們一天都等不了，就在步出法庭那夜，齊齊坐在荔枝角羈留所門外，參與聲援入獄夥伴的非法集會。

有圖有片有人證有物證，朱耀明、李永達已在眾目睽睽下違反緩刑守則犯了法，執法者應該行動、檢察官應該出手、法庭應該彰顯法治，否則，「緩刑」的意義，就形同虛設、等同放生，失去警誡作用。

愈來愈覺得，「佔中」就像一帖中藥，吞下苦澀，卻讓社會浮現出一切病徵，人心出問題、教育出問題、傳媒出問題、法治出問題、

官僚系統出問題⋯⋯表面風光，其實內裏早已五癆七傷。而「佔中」九犯的判案，浮出的病況是法治潰爛。

我沒唸過法律，我不懂法律，我跟普羅市民一樣，認為法律可以讓「天子犯法與庶民同罪」、讓「法律面前人人平等」，於是無怨無悔地相信它。

然而，這次判罪，卻顛覆了我們對法治的幻想。執法者犯法就叫「知法犯法罪加一等」，講師議員犯法就是「服務社會情有可原」。牧師犯法不會與庶民同罪，學生無悔意一樣可以放虎歸山。

最潰壞的還有法援系統，一場「佔中」官司讓大家看清這個政府部門的尸位素餐。

「佔中」九犯之中，黃浩銘、張秀賢、鍾耀華三人都是申請法援打官司的。法援用的是公帑，理應由政府委派律師，不是你愛找誰就找誰。

然而，今次代表黃浩銘的是資深大律師駱應淦，代表鍾耀華的是大律師公會主席、資深大狀戴啓思，代表張秀賢的是擅長人權法的資深大律師潘熙。識看就知粒粒巨星陣容鼎盛，不識看也對那些鼎鼎大名絕不陌生。

資深大狀每堂聆訊最低消費大約 40 萬至 50 萬港元，還未計法律團隊及文書處理等雜項費用，本案審訊歷時 18 天，即是過千萬訟費是走不掉的。三個社會破壞者為什麼可以拿法援、用公帑、聘星級大狀、打「佔中」官司，法援署長是不是該解釋一下？審計署長是否該徹查

一下？

　　一場大龍鳳鬧完了，你以爲發起人要爲「佔中」埋單？非也，其實最後掏腰包找數的，又是我們小市民自己。肉隨砧板的香港人，諷刺吧？可悲吧？

2019 年 4 月 26 日

擺上枱：致納稅人和捐款人的信

14. 舔過血就不會怕血腥

　　對打賽事的練習，技術重要，對手也很重要。拳擊手天天跟一個比你弱的對手對壘，永遠不會有進步空間。但假如陪他對打的是一個拳王，這拳手的技術肯定會突飛猛進。

　　記得我年少時學乒乓球，教練是一個地區冠軍，承蒙他不棄陪我由「滴滴仔」打到推擋抽擊，因爲遇強愈強，進步也特別快。

　　近日跟一些打暴動的警察朋友交流，就發現暴亂現場有一個跟拳王對手、冠軍教練一樣的現象……

　　對於每個周末的暴亂，我想大家都會覺得，暴徒是愈打愈激，原因，除了因爲幕後黑手要把運動推上高潮，更因爲這班暴徒有隊超班對手爲他們練兵，那就是次次陪他們對打的香港警察。

　　六月初，這些衝擊的年輕人只是一班從電腦虛擬世界走上現實戰場的「生手」暴徒，經過三個月的實戰訓練，他們已成了所向披靡的暴動專家。能夠如此快速成長爲專業暴徒，真要多得香港警察。

　　根據前線防暴隊的親身接觸，暴徒每次突襲的戰術都比上星期進步，每次的裝備都比上星期精良，每次都比上星期兇狠，因爲，他們跟「亞洲最佳」的香港警隊對陣完，不死之外，還可以全身而退，總結經驗，吸取教訓，下次自然會打得更專業更狠。

　　於是，你會看到暴徒的防衛裝備及攻擊策略不斷升級，你會看到

他們挑釁警察的膽子愈來愈大。由最初只敢遠遠拋磚，到近期向著眼前警察狠狠丟燃燒彈。由最初只打算掟穿你的頭，到近期擺明要取你的命。他們進步的不只是暴動戰術，還提升了那顆與邪教信徒無異的恐怖主義心。

有人説過，舔過血就不會怕血腥，殺過人就會變得鐵石心腸。當暴徒丟出第一塊磚頭，看到對手滿臉鮮血，快感克服了惡懼，割人頭的恐怖分子就是這樣在戰場和血腥中冒出來的。

所以，別天真地以為「由得他們燒吧、砸吧、打吧，他們累了就會回家……」相反，戰線拖得愈長，暴徒就會變得更強，這些人，你不可能把他們通通拘捕，即使將來事件平息了，一班曾經身經百戰的城市恐怖分子潛藏在香港，對社會會是什麼樣的計時炸彈，政府可有想過？止暴制亂，恢復秩序，快快了斷，不能再替恐怖分子練兵了！

2019 年 9 月 20 日

15. 請整理一下這香港速度

　　有一種速度，叫香港速度，尤其每次外出旅遊過關就會感受到。

　　無論英美澳加、還是日韓星馬，在機場出入境時打蛇餅排大隊，是必經過程。那時候，總會想起香港速度，十分鐘過關、十五分鐘拿到行李、三分鐘一班機鐵、半小時出到市區……香港人不習慣等，港鐵五分鐘一班車已經叫延誤，十分鐘就要公開道歉，超過一小時等不到車，負責人幾乎要鞠躬下台。

　　這是一個高速運轉的社會，半秒慢不得。然而，也許幾十年來走得太快，我們沒餘暇停下來看看自己有什麼缺失？以為快就是好，就是超越。

　　這幾個月，我們仍沒有吸取教訓，繼續飛快行駛，繼續以「快」為傲，卻沒想過，其實「慢」也是一種手段。

　　那天，明明在直播新聞台看暴徒把灣仔站打得稀巴爛，翌日踏進站內，竟沒半點被糟蹋的痕跡，爛掉的玻璃被糊了白紙，噴黑砸毀的售票機被蓋上膠套，入閘機沒了燈號卻仍能運作，乘客如常熙來攘往彷彿昨天的強暴不曾發生。

　　大家以為，醫好傷口就會忘了痛，其實，那是最治標不治本的療法。

　　前天手機又傳來視頻，是一段將軍澳港鐵站被蹂躪的情景：遍地

積水，一地玻璃碎。站內，沒有一塊玻璃是完好的，沒有一部閘機是不被砸爛的，客戶服務部的電腦歪倒在地，文件四散，電線亂纏，徹頭徹尾就是一個廢墟。

沒想到，這樣的廢墟，只停用幾天，就火速修好。很多之前被打到七彩的港鐵站，翌日都安然無恙繼續運作。不愧是香港速度，只是，我覺得，是否太快了點？

針唔拮到肉唔知痛，許多香港人仍然說，沒事吖、不影響吖、鬼叫你不聽年輕人訴求、忍一忍就是了……忍一忍、忍兩忍、忍三忍……忍到 N 日呢？還不關事嗎？還不影響嗎？

我懇求，港鐵整理一下它的香港速度，不要修得那麼快，甚至停下手來，不修了，反正修完你又再打爛，不環保啊！

當大家一天、二天、三天、一星期、兩星期、三星期都沒港鐵乘搭，大家的感覺就會回來，大家就會知道痛。

香港速度太快，快到讓大家麻木、讓大家忘記昨天。如果，被破壞的港鐵站全部關閉重修，復修不再是通宵加班而是龜速進行，大家感覺痛了，才會恍然大悟，到底是誰破壞這人間好風景。

2019 年 10 月 9 日

16. 新三不管地帶

　　無論跟香港市民還是內地朋友談起政治，有一問號是必定出現的：為什麼一個拿公帑的官媒可以比一般媒體更反政府反國家？世上哪有夥計可以天天鬧老闆而不被炒，還繼續薪高糧準年年加人工？

　　說的是香港電台，一個公務員體系裏的怪胎。

　　這裏的人，薪金來自政府庫房，大廈建在政府用地，資源來自政府物料處，營運資金來自公帑。這裏沒有廣告，沒有收入，永遠是支出，養它的是庫房，但他們卻說，政府不是我老闆。

　　付錢那個不是老闆，那麼誰才是？他們說：公營機構，市民才是老闆！

　　七百萬市民，有七百萬個想法、七百萬種要求，港台員工聽得了誰？於是，市民也只是個名義上的老闆，別說沒話事權，連打個電話投訴，都只得「意見收悉」一句回應。我就是一市民、一老闆，我寫了不下二十篇文章批評港台問題，不過港台這個夥計照例睬我都傻，我們也奈佢唔何。

　　努力思索，到底誰才是港台老闆？

　　大家以為，付薪金的就是老闆。我卻認為，能操生殺大權的，才是老闆。市民能動港台嗎？絕對不可以；政府能動港台嗎？相信沒人有膽量。那即是說，沒人能操港台生殺大權，所以，它是無王管的，

就像當年的九龍城寨，三不管：政府不敢管、市民不能管、主管不會管。

最近因逃犯條例爭議，怪胎又再發揮三不管的威力。

5月6日，立法會秘書處發出通告、過半數委員支持，把修訂逃犯條例委員會的主持改爲石禮謙，原主持涂謹申登時發爛渣，聯同反對派議員霸着會議室無視通告，繼續開會。一星期後的昨天，同樣事情發生，涂謹申又佔據會議室主持非法會議。

奇事發生了，原本負責直播立法會會議的香港電台32頻道，在這兩個時段，竟然原汁原味直播了涂謹申的非法會議。兩個不被承認的會議，立法會秘書處連咪高峰都關掉，直播拍攝也取消，然而，港台這頭三不管的怪胎，竟然開着攝影機繼續給全港市民做直播，到底是誰下的命令？誰做的決定？一群沒老闆的公務員，已經膽大包天到無視立法會命令，到了喜歡播什麼就播什麼的地步了。

還記得胡志偉那天在立法會發飆罵特首嗎？身爲民主黨主席、尊貴議員、社會模範，胡志偉忽然向特首林鄭月娥丟下一句：「你唔死有用呀八婆！」更讓人震驚的，是翌日港台節目《千禧年代》竟請來胡志偉大言不慚講解爲什麼罵特首做「八婆」。

請罪犯爲自己犯的罪行解書、請辱人者爲自己的侮辱行爲圓謊，香港電台已不僅僅是反政府反中反共，它已成爲一個傳播歪理、破壞社會價值觀的頻道。新三不管地帶，不是城寨，而在港台。

2019 年 5 月 15 日

17. 給大賊一條好「橋」

理大圍捕事件踏入第 10 日，仍有少數躲在校園的暴徒不投降，圍剿的警察好言相勸過、教仔式斥責過、以歌曲動情過，但仍然無效。

世上哪有這樣仁慈的圍剿？香港警察用催淚彈打贏汽油彈、用等待代替攻擊，對比全世界所有地區的鎮暴方式，香港警察的寬容與克制，簡直可以拿諾貝爾和平獎。

不是嗎？君不見在理大賴死的暴徒，天天走出來包着頭蒙着臉接受記者訪問，理大副校長更捋起衣袖為暴徒洗碗，反對派議員輪流走進校園找暴徒噓寒問暖，救護員不時進去查看暴徒身體狀況，各方記者在爛溶溶的校園自出自入拍紀錄片⋯⋯一個無掩雞籠，要攻入拘捕有何難度？然而擎槍的執法者卻堅持守在門外，等你投降。

昨日，理大又派出 50 人再次入校園搜索，勸說留守者離開，並承諾他們警方只會登記身份證，不會即時拘捕。咦，之前不是説 18 歲以下才登記放行嗎？怎麼多賴幾天，就可以全部放行，不用拘捕？

其實，為師者，不是該勸他們明辨是非、承擔責任嗎？為什麼竟是鼓勵他們離開罪案現場？逃避法律責任？還加句：「放心，我擔保警察只登記身份證，唔會拉你！」想問問，這是什麼教育？你們好意思説自己是校長老師？

如果，一個大賊，搶劫完銀行，逃走不及，被警察包圍了，然後

躲在銀行內放火燒證據，再賴死唔走，守 10 天，你道銀行董事長會不會走去跟大賊和解？問他夠不夠糧食？夠不夠水飲？夠不夠被冚？甚至陪他慢慢行出去，並保證不會拘捕他？

　　這幾個月，不單顛覆了我們一向認識的法治，更顛覆了賊人的犯罪方式，從此，犯了罪，不必立即逃走，在現場等他十天八天，大家就會護送你走，連毛髮都不會少半條。

2019 年 11 月 27 日

擺上枱：香港之爛 爛在骨子裏

18. 慈悲的超人

香港人真的愛心爆棚，繼日前一班好心人在太子港鐵站為六條虛擬的死屍哭墳作法，今天又有善長出現。

香港首富李超人在出席慈山寺一個活動前發表了簡短講話，內容大致是這樣的：我希望香港人能渡過難關，希望年輕人能體諒大局，而執政者能對未來主人翁網開一面……為對方想一想，好多大事，可化為小事。

李超人在慈山寺的觀音像下說了一番寬恕之言，相信感動不少黑衣年輕人。這些日子，看到千多名同路人被警方拘捕，他們開始膽戰心驚；看到國泰航空公司一個一個同路人被炒魷，他們開始步步為營；有年輕人過關回內地被查手機，他們也開始在網絡上鏟除歷史、掩飾過去……。

但首富今日網開一面之言，直如收到特赦令，老實說，作為香港權傾一時、富甲一方者，「執政者為未來主人翁網開一面」這句話，或多或少有點「不如特赦暴徒」的意味。

對犯罪者網開一面，我的理解，除了特赦，沒有其他。至於「未來主人翁」如果是指暴徒的話，我想，沒有多少香港人會認同。

假如這些「未來主人翁」砸爛你的慈山寺、推倒你的觀音像、燒毀你的長江中心……你會不報警、不追究，阿彌陀佛，網開一面嗎？

你會大發慈悲，請他們進你的和黃、長江、港燈、百佳當員工嗎？這些年輕人都是未來主人翁啊！

又或者，你明知他們的憤怒是因為買不到樓、對未來沒希望，你會把長實樓減價放售嗎？如你所言，「一人行一步，為對方想想」，可以嗎？

今日香港人均居住面積只得一百六十一呎，申請公屋要排五年。香港超過二十萬平方米的可開發住宅用地，主要掌握在四大地產商手中，而領頭的，恐怕就是李先生你的地產王國，即是說，解今日香港土地之困、年輕人之苦，如果有李先生一念之仁，也許已能成一半事。

黃台之瓜，摘了就摘了，觀音像下，承諾為未來主人翁做個慈悲的地產超人，可以嗎？

2019 年 9 月 10 日

19. 買票你就笨了

話說有日，賊佬打劫了銀行，在門口被正義市民逮個正着，賊佬說：「我劫富濟貧，唔得咩？」正義市民說：「這是法治社會，你別走，我報警！」圍觀者有人說：「而家咩事啫？你又唔係警察，阿賊佬你唔好睬佢，快啲走……」然後再有人起哄：「劫咗幾多錢啊？懶巴閉，我幫佢畀，賊佬你快啲走。」

大家覺得，以上情節，可能嗎？合理嗎？

這幾天，香港的港鐵就出現了幾幕類似的畫面，一些年輕人既要坐港鐵，卻又要跳閘不付錢不買票，給見義勇為的市民碰見，舉機拍他們，問他們為什麼跳閘逃票時，竟然有不少路人走出來護短。從視頻所見，有人甚至說：「罰錢咪罰錢，幾百蚊我幫佢畀！」

殺君馬者道旁兒，如果不是這些人在旁邊吶喊助威，那些逃票的年輕人，怎會在被當場抓獲時，還那麼聲大夾惡。

病了，這個社會真的病入膏肓。乘車要買票這種三歲小孩都懂的道理，十三歲、廿三歲、三十歲的有識之士竟然不懂，還用一大堆歪理去掩飾罪行：「港鐵咁衰我做咩要買票？」「港鐵殺人我做咩仲要畀錢佢？」……

既然你認為「港鐵咁衰」、「港鐵殺人」，那你為什麼要搭？杯葛它嘛，又要拿着數、又要不付錢，這種行為跟流氓賊佬黑社會有什

麼分別？

　　香港法例的寬鬆，真是讓人嘆爲觀止，如果不是那班跳閘者，我們都不知道原來逃票是不違法，只違反了港鐵通例，被捉到只是罰款了事。於是，我們看到很多「義士」和「義士支持者」大大聲說：「你拉我什麼？我又没犯法。」

　　既然不是警察的責任，那港鐵就要行動了，誰跳閘、誰逃票，就要抓住他／她即場罰款。

　　早就說過，今日社會亂象，是所有有權的人不作爲、所有有例可依的機構不按例執法，才會壯大黑衣人的膽、養成目無王法的心。

　　單是港鐵附例，如果真能動用起來，根本就不需要找警察。附例明言：没有繳付車費罰 5000，攀爬旋轉栅閘罰 3000，講粗口罰5000，大聲喧嘩罰 2000，把鞋踩在座位上罰 2000，神志不清搭港鐵罰5000，損毀鐵路設施及裝置罰 5000 及監禁六個月⋯⋯

　　這幾個月來黑衣人在港鐵做的事，全部觸犯附例，全部有罰可施。然而，港鐵怕事縱容，於是，一個又一個逃票，一批又一批人跳閘，一幫又一幫人打砸，當犯罪已成風氣，要遏止已經太遲。

　　也許會有這麼一天，連我們這些良民都要按捺不住，跨過欄跳過閘，反正没成本、没代價，誰大誰惡誰正確，買票你就笨了。

2019 年 9 月 14 日

20. 由恐懼心到同情心

從前不明白，那些模特兒騙案、電話騙案爲什麼騙極都有市場？今日終於知道了，不是騙徒騙術高明，而是他們捉心理的能力高超。

這次反逃犯修例，絕對稱得上是一宗世界大騙案，反對派以厲害的心理戰，先捉香港人恐共心理，引他們出來抗爭，再捉香港人氾濫的同情心，把矛頭直指鎮暴的執法者。

分析他們早期的文宣，以靠嚇爲主；至近期渲染的，主要是「警察的暴」和「孩子的慘」，旨在激起民憤，讓怒火掩蓋理智。

騙徒用剪輯過的黑衣人逃竄受傷片段，配以警察大頭近距離追捕主觀鏡，然後得出「警察殘暴」的結論。前因後果都給隱去，甚至愈來愈多杜撰故事。

最近，因爲汽油彈事實太難圓謊，於是騙徒轉移視線，一窩蜂在講催淚煙與二噁英，這幾天甚至有流言傳出，叫大家別吃水果，尤其日本來的貴價水果如巨峰提子、香印提子，因爲油麻地果欄跟理工戰場太接近，水果都受催淚煙污染，吃後會患癌及生畸胎。心理戰，又回到了恐懼心。

有警察學校的教官説：「我們所有學警都要進行催淚煙訓練，就是走進遍布催淚氣體的密室戰鬥，幾十年，教了那麼多學生，吸入那麼多催淚煙，如果真若他們所言，我死了九世。」

我不是生化專家，我只知道全世界防暴警察都會用催淚煙，卻從沒聽聞有人中過什麼二噁英毒，反對派愈是加大力度轉移話題，就是因爲他們的所作所爲太難掩飾。

　　你們説催淚煙禍害大，大得過淋完電油把人活生生燒了？大得過兜頭一塊磚頭把人活生生掟死？大得過中了鏹水彈、汽油彈的後患？還有數之不盡的集體傷害你不講？卻不斷責難警察的催淚彈讓我們不敢吃水果？你們一把火燒掉小市民幾十輛搵食車，害得他們快要連吃都沒得吃了，你還跟我講催淚煙累你沒得吃日本水果？

　　能偵破騙案通常是因爲被騙得多，於是大家就會明白爲什麼中計的都是入世未深的年輕人及活在象牙塔的學者及專業人士。騙徒，無處不在，戰勝他們，靠的只有經驗和智慧。

2019 年 11 月 22 日

21. 沒有名字的聯署

那天，逾 400 名政府行政主任（簡稱 EO）係威係勢寫了封聯署信給特首，批評林鄭漠視民意，不回應反對派五大訴求，並「強烈譴責同是公僕的警隊」，說他們「有勾結暴徒之嫌，嚴重失職及違反專業操守」……

說他們「係威係勢」，因為 EO 不是普通職員，頂薪點可達 18 萬，政府現架構約有 3500 名 EO，即是說，400 個聯署，超過 EO 的總人數十分一了。這麼多高薪厚祿冒着丟金飯碗的險出來反自己老細，我都想看看這些英雄好漢到底是誰？

不看猶自可，一看笑翻天。原來那個所謂「聯署」，全部是蓋着名字的職員證，400 個沒有名字的「工作證聯署」，簡直是又要威又要戴頭盔的最高境界。

因為傳媒絕大部分是撐黃的，所以大家都捂着眼睛耳朵做報道，拋掉一切新聞邏輯，把大眾當白痴，正經八八地大字標題：「逾 400EO 聯署強烈譴責警隊」。

半天後，又有 44 個部門共 235 名公務員有樣學樣地向特首發公開信，譴責內容一樣，下款是「一群來自不同部門的公務員」，聯署包括機電工程署、建築署、社會福利署……的職員證，有些甚至連職員證都不敢拿出來，只敢上載一張蓋着名字的名片，最經典是有張政府網站職位截圖，都當作「聯署」。

慘不過有傳媒報道、認同，於是那幾百個沒有名字職員證的「聯

署」，還警告「說」：如果政府不回應，就採取工業行動。

我真的期待。

一班連署名都不敢的懦夫，到底會如何不讓人發現身份地罷工或按章工作？我好想見識一下。

除了這些，近日網上流傳最少八封來自公務員的匿名公開信，包括聲稱是消防及救護人員的、用入境處職員名義的……手法類同，都是用隱名職員證當簽名。

而位於政總核心位置，被譽為特首「大腦」，是林鄭月娥一上場解散了中央政策組後，另起爐灶成立招攬年輕人的部門「政策創新與統籌辦事處」，目前也在辦公室貼起了所謂「連儂牆」來，上面一樣寫滿「獨立調查」、「講人話」的不具名便利貼。

我想，全世界沒有一個聯署行動是不涉及名字的，簽下一個名，就是彰顯你的立場，發出你的聲音。偏偏這班無膽匪類又要反政府又要吃政府，一個鐵飯碗我要，一份穩定高薪又要，政治光環道德高地我都要，這就是典型香港人，邊罵邊攞着數拿好處佔地位。

既然這麼不滿、不屑，最好的方法，是交出你的職員證說：「我不幹了！我不助紂為虐，我恥與為伍！」那我就心悅誠服。捨不得高薪、戀棧那福利，食碗面反碗底，你們這些無名縮頭烏龜，其實跟戴上口罩眼罩包到實的暴徒有什麼分別？

2019 年 7 月 26 日

22. 發國難財的人

中國歷史上，每場戰事，都出現漢奸，同樣，每次戰亂，都會有發國難財的人。2019 年香港的甲由之亂，也不例外。

是的，它不是一次政治風波，它是切切實實的一場戰爭。有戰士、有武器、有陣式、有策略、有支援、有軍醫、有司令部、有隨軍記者……戰事有的，它有；戰爭沒有的，它都有。

漢奸是誰？大家心照不宣，今天我想說的，是發國難財的人。

那天，家中花灑頭壞了，於是我跑到區內一條五金舖雲集的小街找。不找猶自可，一看嚇一跳。走進店舖，第一個感覺：這不是五金店，而是一間暴動用品店。花灑頭、水喉一類貨品已不知給塞到哪個角落。滿目所見，盡是黃白頭盔、爬山手套、粗鐵鏈、護膝、護踭、索帶、粗刀片……總之，在暴動場合見過的東西，這裏都一應俱全。

這條街，十間五金店，有六間在賣這些。這裏我很熟悉，從前都不是這樣的，那是裝修師傅經常流連的地方，今日，卻通通成了暴徒物資供應地。

記得那天甲由說要去癱瘓大埔，朋友拍來照片，午後的大埔，全城店舖盡關門，唯獨一家五金店大開中門如常營業，照片所見，店門外就掛滿了暴動「制服」黃白頭盔。如果說今日香港的顏色革命是一場災難，那麼，這些五金店老闆就是發災難財的人。

每場暴動完畢，總是一地頭盔手套面罩，彷彿不用錢似的，去到尾聲，頭盔更成了掟警察的武器，拿回家都費事，反正下次又會有新貨供應。

　　正如對付罪犯，倘若社會上太多持械行劫，警方的策略就不只是捉賊，而是源頭堵截，破他們的軍火庫，斷他們的武器來源。同理，一些公然售賣暴動用品的五金店，爲什麼警方不去源頭堵截？

　　發災難財的人，也請捫心自問，這些傷天害理的錢，值得賺嗎？賺了，有命享嗎？借暴動搵快錢，間接推年輕人上戰場斷送前途，你以爲上天算帳的時候，不會記你的一份？我不殺伯仁，伯仁因我而死，請警方盡快給他們來個源頭繳械！

2019 年 8 月 14 日

23. 鐵黑一家親

考考大家一條法律常識題：一幫人打劫金舖，有人持槍指嚇店員，有人用斧頭敲碎飾櫃，有人拿着旅行袋搶金飾，有人在外把風，有人駕車接應賊人逃走……

問題是：如果這幫人被警察一網打盡，他們是共犯嗎？他們會被控同一罪行嗎？還是搶金那個判重些？把風那個判輕些？

答案是，罪行相同，都是串謀行劫。

這幾個月，我們看到黑衣暴徒在香港十八區四處破壞，砸爛立法會、圍攻警察總部、破壞中聯辦、堵路掟磚，甚至毀掉港鐵設施……完事之後，總有免費港鐵專列送他們安心回家，方便過的士，溫馨過Uber。不過，根據以上打劫金舖例子，犯案後負責接載匪徒離開的司機原來都是共犯，那麼，每次都預留免費專列給黑衣人逃走的港鐵公司，不是與暴徒同罪嗎？

這陣子，大家都在網上看到幾段視頻，一段是 8 月 21 日，黑衣暴徒無差別恐襲元朗站 6 小時，他們不單非法霸佔元朗西鐵站，還把站內設施推倒堵塞出入口，更拿起緊急消防喉向警察噴射，整個元朗站被破壞至體無完膚。另一段是 8 月 22 日，暴徒擋在葵芳港鐵站的入閘機前，不准乘客用八達通或車票入閘，要他們在一個被破壞的入口免費進入，強迫其他乘客跟他們一起犯法搭霸王車。

奇怪的是，暴徒在你的地盤打砸破壞後，在你的地頭胡作非爲後，你竟然窩心地準備了免費勞斯萊斯送他們回家，這是什麼原理？這是什麼法則？是否穿黑衣戴口罩就可以在港鐵搭霸王車？就可以在港鐵範圍爲所欲爲？

這兩樁事件不過是冰山一角，三個月來暴徒多次在港鐵搞事，阻列車前進，又或是公然買了大疊單程車票放在售票機供暴徒使用，準備了大量不同顏色衣物放在站口給黑衣人逃走時替換，多次大型非法集結時，港鐵甚至成爲物資存放站及暴徒聚集所，按上述打劫金舖原理，港鐵公司明顯就是暴動的幫兇。

更奇的是，政府明明是港鐵大股東，而暴徒對付的對象是政府，港鐵明明可以好好跟警方配合，譬如在暴動區域封了當區的港鐵站，讓暴徒無處可逃束手就擒；又或者明知暴徒往某處搞事就讓列車在那區飛站，阻止暴徒集結的機會。

然而，港鐵卻選擇了助紂爲虐幫暴徒，即是說，擺明車馬對付自己的大股東。最奇的是，這個大股東又可以無動於衷，任由宰殺，敢問港鐵主席歐陽伯權及運房局長陳帆，難道你們忘了習主席「爲官避事平生恥」的訓勉？

反對派最喜歡説官商鄉黑、鄉黑合作、警黑攜手什麼的，那些擺明憑空捏造。倒是今日我們有證有據、有圖有片，原來，鐵黑合作，才是今日香港亂象不止的原因。

2019 年 8 月 24 日

24. 城裏的麻風病人

小時候很喜歡聽王洛賓的歌，香港人也許不太認識這位中國著名作曲家，但一說到他編過的歌曲，大家必有印象，譬如這幾首一說你就會哼的：《在那遙遠的地方》、《青春舞曲》、《達坂城的姑娘》……

而這幾天，我腦海一直哼着的王洛賓作品，卻是這首大家耳熟能詳的《掀起你的蓋頭來》：「掀起了你的蓋頭來，讓我來看看你的臉……」

看得太多蒙面人，實在很有「掀起你蓋頭」的衝動。那些在街上流連叫囂的、圍堵政府設施的、刑事毀壞的、掟磚飛矛的，他們把臉都蒙得密密，有些還戴上頭盔、眼罩，基本上沒露出一塊肉，大熱天時，真替他們難受。

說得那麼高尚、偉大，爲香港未來、替香港加油，好人好事來的，你們到底有什麼見不得光？「蒙面」後面通常只會跟個「賊」字，你幾時見過正義之師是蒙着臉的？

最難看是那天，一班蒙面人跑上 19 國駐港領事館遞信，又不是做犯法事，連遞封信都要戴個大口罩，我實在不明白他們到底在信奉什麼？追求什麼？

這些人天天要拍警察的編號、追着執法者的臉拍大特寫、動輒又要查警員委任證。如果我是警察，我會先把他們的口罩扯下來，連你

的臉我都沒看到，你憑什麼查我身份？包到麻風病人一樣，我怎知你是不是通緝犯？

老鼠甲由霉菌冤鬼最怕什麼？對，是陽光，一見光，即使不死，也會四處逃竄。蒙面人亦一樣，只要把他們的口罩眼罩拿掉，再拍一個大特寫，包保他們雞飛狗走，抱頭鼠竄。

口罩人見識也太少了，他們以為這世上只有人面識別系統，以為包到密不透風就沒人知道你是誰。告訴你們，其實內地早已發明了一套走路識別系統，原來每個人的走路姿勢都不一樣，無論你蒙成什麼模樣，單憑你的走路動態，就可以偵測到你是誰。蒙吧，難道你一天到晚不吃不喝不走路？若要人不知，除非己莫為啊！

無論什麼系統，都是治標不治本的。要解決滿城蒙面人的根本方法，是訂立「禁蒙面法」。國際標準是：法國除特殊情況，禁止任何人在公眾場所蒙面；加拿大、德國、俄羅斯、奧地利、丹麥、西班牙，都禁止示威人士在集會遊行中蒙面；美國、瑞典已有個別州份有禁蒙面法……

建制派議員們，是時候發揮你們的議會力量，盡快把法例訂上。在這漏洞未補上期間，我呼籲大家，見到這類蒙面賊，先拉下他們的口罩，給他們照個全相，他們愈怕，就愈要他們見光死。

2019 年 6 月 28 日

25. 沒大台，卻有後台

　　三年前，大家都在問：什麼人會在天水圍公屋單位藏着53萬現金？百幾粒「偉哥」？答案好簡單，無論是錢還是藥，這樣的數量，一定不是自用。

　　那是2016年旺角暴動後，警方在天水圍拘捕潛逃的暴亂首領黃台仰，並在那個公屋單位搜出53萬港元現金、電磁炮、伸縮警棍、V煞面具、大麻，及過百粒「偉哥」壯陽藥。看到這些東西，大家恍然大悟，什麼「魚蛋革命」？你以為真是為幾個魚蛋檔而起的義？傻仔才會相信。沒有利誘、沒有免費物資、沒有藥物影響，好端端生於盛世的年輕人，會無端端襲擊警察把天堂變成亂世？

　　同理，今天大家又要問：什麼人會買16萬超市現金券？什麼人會藏着13萬現金？然後再會買一大堆弓箭頭盔雷射筆？答案好簡單，無論現金券還是物資，這樣的數量，一定不是自用。

昨天，警方搗破一洗黑錢集團並拘捕四人，凍結了一個網上眾籌平台「星火同盟」約 7000 萬港元，並找到一大堆懷疑支援暴動的證據，如上述買 16 萬超市現金券的收據。

　　由六月開始的每一場暴動，大家都已聽過好多遍，説參與暴動的人，可以有任取任用的八達通、超市現金券、麥當勞現金券……不少人拍到照片，一整箱八達通放在港鐵站任取；也有人拍得視頻，滿地擺滿各式現金券作暴動「酬勞」。但反駁的人説：那是有心人的主動捐獻，那是支持者送給年輕人的物資，他們不斷强調：我們沒大台。沒大台，不代表沒後台。但一張照片、一段視頻，作不了準，成不了罪，大家心知肚明，卻苦無揭破證據，直至昨天，那一紙收據，16 萬超市現金券，罪惡的線頭終於露出來了，後台的狐狸尾巴也被發現了。

　　早就説過，眾籌是最好的洗黑錢途徑，隨便開一個平台就有 7000 萬，那到底是平台還是後台？你懂的。黑社會洗黑錢的目的是把黑錢漂白，那麼，玩政治洗黑錢的目的，就是要轉移視線、掩飾財路，讓大台、後台成爲與暴動連不上線的黑手。

　　幸好，香港警隊有一班精鋭幹探一直在默默耕耘、抽絲剝繭，把罪惡的幕後主腦順藤摸瓜，逐個揪出。今次這 7000 萬眾籌基金是個突破，也是個開始，我相信，人在做，天在看，幹探也在追，做壞事，一定會被發現；作惡者，一定會受嚴懲。

2019 年 12 月 20 日

第四章

獨立的滋味

暴亂中被拘捕的暴徒，近四成是學生，你不吃驚嗎？

他們已名正言順舉出「獨立」旗幟，甚至封了大學的校園，自立爲王。

大學正式淪爲暴徒的巢穴，淪爲製造武器的兵工廠。

香港教育病了，而且是病入膏肓。

1. 肥仔，呢期你最紅！

近日網上流傳一段視頻，一個四眼肥仔威盡天下。他叫何俊謙，30歲的理大碩士生，「學生獨立聯盟」成員，春節前在屯門舉着「香港人唔歡迎中國人」的紙牌挑釁咆哮四處趕客；十一國慶時又舉「港獨」標語上街公然播「港獨」。他的「上位之作」是去年十月在理工大學禁錮兩位師長，何俊謙指着副校囂張大罵的片段讓人嘩然。

在反對派要紅很易，夠激就可以了，譬如擲磚一定紅過瞓街；懂得賤罵一定紅過只講粗口，如黑社會的「紮職」原理，夠膽衝出來下刀你就紅。而這個何俊謙，就在最近一次屯門趕遊客行動時跑在最前面，對排隊搭巴士的內地旅客出言羞辱：

「第一隻大陸狗、第二隻大陸狗……你係咪大陸狗呀你？死返大陸啦！」

「低等中國人，又嚟搶啲咩呀？你嗰度冇得賣咩？饑荒呀？」

「着豹紋做咩呀？落嚟做雞呀？化到個妝咁濃做咩呀？去砵蘭街呀？去屯門公園撩阿伯呀？」

「拎住啲咩呀你？運毒呀？打開個篋嚟睇吓！」

「識唔識字呀？香港人唔歡迎中國人呀！搶晒我哋啲資源、行晒我哋嘅路，連黑警都為你哋服務，成班狗咁樣圍住你……」

面對執法者，何俊謙一點都不怯場，甚至對勸喻他的軍裝警員說：
「你唔好搭我膊頭，你咩資格？咩身份呀？狗生到咁高㗎咩？」
「考公安啦，做乜鬼香港警察，整污糟晒香港警察個朵！」
「你委任證呢？委任證呀，話自己係阿 sir，冒警呀你？」

為什麼我不厭其煩記下他的辱人言論？為什麼我花這麼多篇幅讓他如願以償紅起來？因為，我要告訴香港、澳門，甚至整個大灣區，這個叫何俊謙的人，是——個——教——師！大家千萬要小心，別錯聘這種人來毒害學子。

這個開口埋口「大陸狗」的中大畢業生何俊謙，在澳門教了三年書後，竟轉戰他賤視的中華大地，在內地一所國際學校任教了一年。2016 年後回港到理大唸碩士。

原來，又是一個口罵內地，手卻賺盡人民幣的兩面人。看他的出位言行，目標明顯只有一個，就是「上位」。近年反對派人丁凋零，着草的着草，坐牢的坐牢，新血難求，何俊謙便趁此機會乘機突圍。

既然要紅就要紅到底，我希望所有學校所有僱主都記着這個人，希望理大不要再姑息這種學生，有教無類是有限度的，沒得救兼影衰學校的就要當機斬立決。既然他把同胞當過街老鼠，我們就讓他自己先做一回過街老鼠！

後記：
此文 2 月 23 日在網媒 HKG 報上載，神奇地，文章一出，好多朋

友在臉書一轉載，帖子立即被查封，不能看也不能轉。有些朋友的臉書戶口更被封 60 天，原因是文章涉及欺凌。

　　我只是如實報道何俊謙欺凌內地同胞的真相，何的辱人片段在臉書鋪天蓋地可見，欺凌者可以肆意散播自己的欺凌行為，反而批評事情的人卻成了欺凌者，臉書的禁言標準，真讓人莫名其妙。所謂的言論自由，原來只限黃絲獨有。

2019 年 3 月 3 日

擺上枱：保命符

2. 一個大學校長面對失智社會所需的鈣質

我們認識的他，是個科學家。

童叟都知道，科學家最重視求真精神、求證本領。譬如說，你撞鬼，科學家會問你一百個問題：你是否有幻聽？幻覺？最近是否睡眠不足？撞鬼地方環境如何？是不是光影折射？是不是海市蜃樓？有沒有異物投影？⋯⋯

但我們的科學家卻沒有提出這些問題，卻如蟻民般回應：吓？撞鬼了？哪裏撞？好恐怖啊，明天要打堂齋超度亡靈，你都要喝杯符水定定驚⋯⋯

這個科學家，是來自美國的著名國際生物醫學專家，名字叫段崇智，現任中大校長。

一個求學的地方，有 30 個學生違法被捕，身為校長，沒有反省為何會教出這麼多暴徒，沒有追究學生到底幹了什麼違法事，一聽到學生聲淚俱下說「警察打我」，就攬着他們一起抱頭痛哭，然後拍心口許諾：「如警察涉使用暴力或違反人權，查證後必須譴責。」

敢問校長，如果查無其事，你會把誣告的學生帶到警察面前叩頭道歉嗎？為什麼你對已證實的學生暴力視若無睹？卻對未證實的警察暴力張牙舞爪？

B仔向阿媽投訴隔籬屋明仔打他，阿媽不問情由衝去找明仔晦氣，

這種叫做敗兒慈母。同理，如果身爲校長包庇、縱容學生犯法，是比敗兒慈母千倍遺害的教育方式。

猶記得段校長上任之初，跟記者談笑風生，大家給他「段皇爺」諢號，校長非常受落，還說自己從小就飄洋過海跑江湖，練就出一套領袖本色：「有原則最重要，看風使悝？NO！不是我風格。」

今日，看段校長爲被捕學生開脫，無視執法者除暴安良的天職，滿口婦人之仁，這是什麼教育？這是什麼科學精神？這是什麼領導原則？向惡勢力低頭跪下的段皇爺，你敢再說一遍「看風使悝不是我風格」？

段校長除了在香港出生，在這裏唸過小學、中學，自此就跟小城幾乎絕緣。1969 年中六畢業後就遠赴美國，唸書、就業、做研究，一去 48 年，香港的滄海桑田，他沒經歷，大概也不會有任何感受。

18 歲就離開這片土地，差不多半世紀都是在彼邦做美國人，潛心生物醫學研究，卻忽然願意在 67 歲近暮之齡，放棄美國賓夕法尼亞州匹茲堡大學醫學院細胞及分子工程中心總監之位，回香港當中大校長，老實說，爲抱負沒人會信，爲挑戰也許可能，但最大誘因，肯定是爲了豐厚待遇。

在香港當大學校長，薪金高得讓人咋舌，就以中大校長爲例，年薪七百多萬，即是月薪五十幾萬，高過特首、高過美國總統、當然更高過國家主席。就算拿同類職業來比較，世界知名的牛津、劍橋大學校長年薪都是三百多萬，香港的大學校長薪金，憑什麼冠絕全球？難

道真如學生自稱的「暴大」，因爲它們最擅長製造暴徒，所以世間罕有？

四十多年前，段崇智校長寫了篇博士論文「雞胚胎從蛋殼攝取骨骼生長所需鈣質的機理」，看來，今日他要再做另一研究：「一個大學校長面對失智社會所需的鈣質」。

沒有腰骨、沒有風骨的人做教育，對下一代，會有摧毀式的禍害，段校長，請高抬貴手，放過香港年輕人，好嗎？

2019 年 10 月 21 日

（原文刊登於「港人講地」網站）

3. 浩南的承諾

做記者的日子，有兩年，我是專門跟進某黑社會堂口的新聞。九十年代，黑幫仇殺特多，爲了搶獨家，我經常跟那幫社團大佬聚頭。

有一回，在話事人的辦公室做完訪問，大夥兒一同步行往酒家吃晚飯，從街頭走到街尾，街上一個個泊車仔「嗖」一聲通通起立，「大佬」之聲此起彼落。我跟在話事人身後狐假虎威，那種陣勢、那種氣派，確有飄飄然之感。

那頓飯之後，我跟上司説，我不想再跟黑社會新聞了，因爲我知道，長此下去，我會迷上這種權力，我會患上斯德哥爾摩症候群，我會成爲他們一分子。

這天，看到中大學生跟段崇智校長兩小時的閉門對話內容，其中幾句讓我忽然想起當日在街頭走到街尾那種飄飄然：「如果校長你出嚟，你就係手足！我話嘅！如果有人敢打你，我實幫你擋！」其他學生紛紛和應：「我都幫你擋！」校長回應：「多謝你哋！」

豪氣干雲，如同《古惑仔》電影中浩南哥的承諾，幾乎要唱一段：「來忘掉錯對，來懷念過去，曾共渡患難日子總有樂趣……」然後揎起衣袖提起刀，師生同心殺出去。

看來，我們的中大校長已得了斯德哥爾摩症候群，在學生威逼恫嚇禁錮下，開始同情暴徒，甚至跟他們連成一線。

話說，中大學生一直侮辱段崇智校長為「段狗」，大學校園的地上、牆上、校巴上，都有「段狗」的噴漆。10月10日，中大校長段崇智與學生校友對話近四小時後，照例被包圍走不了，結果，校長答允跟學生及校友代表約50人閉門再對談，兩小時後出來，竟然出現戲劇性變化，雙方都說對話真誠有建設性，而兩小時前的「段狗」，不知跟學生說過什麼話，出來後學生都親昵地叫他「段爸」。

據有份參與閉門對話的中大新聞傳播系學生莫曉晴事後記錄的談話要點，其中一段，就是上面引述的「浩南式承諾」。

當然還有幾個重點，就是段校長給學生許下三大諾言：一，會譴責警察暴力；二，不會讓中大生在中大範圍內被捕，如警方強行進入校園搜捕，會有24小時律師團即時協助；三，成立緊急專責小組，新增人手幫助學生渡過難關。

校長更承諾若再有防暴隊到大學站，他會盡量到場保護學生。怪不得，兩小時對話後學生幾乎要唱首浩南之歌，為校長兩脅插刀。

還以為是什麼對話、講什麼道理，說穿了，還不是一個「縱」字。六月暴動之初，中大校長段崇智已承諾學生一旦入獄，會為他們保留學位，亦會為「有需要」的學生提供食物、住宿、醫療、法

律援助、心理輔導等服務。今天，校長更決定與暴徒同行，齊抗警察執法。

　　簡單四個字：暴動有賞。年薪七百萬的大學校長原來這麼易做，香港的教育，不死才怪。

2019 年 10 月 19 日

（原文載於 HKG 報）

4. 盛世下的一老一嫩

　　香港的暴青説，要把國慶變成國殤，這句話，未免把自己把香港看得太重。

　　來到北京，走在長安街，你會感受到什麼是盛世。盛世是：一堆甲由絕不可能左右大局，一盞燈滅了絕不會減弱光芒。

　　國家七十周年大慶，天安門廣場舉行閲兵儀式，氣勢磅礴澎湃，其中兩個畫面，特別讓我動容，原來，武器先進、經濟強大、科技領先，都不及人心重要。

　　閲兵儀式領頭除了習近平主席的閲兵車，還有一輛車牌 VA01949 的無人車徐徐跟着，那車是給革命先烈的；習主席把共和國的建國英雄，帶到現場，一起閲兵，讓天上的他們看看，七十年後的祖國，如你們願，是何等盛世。

　　還有 21 輛禮賓車組成一隊致敬方陣，第一輛車是六位新中國締造者、三位老一輩科學家、九位老紅軍老八路軍老解放軍的家屬代表，其他禮賓車上還有黨、軍隊、領導、建設者、老戰士的親屬代表……車上坐滿了白髮蒼蒼穿着軍服的老人家，他們舉手敬禮，接受百姓夾道的歡呼謝意。

　　那是感動的一幕，國家向前走了，但大家不會忘記走過的路，不會忘記付出過血汗的前人。一部國家奮鬥史，必定包含民族脊樑，他

們看不到盛世，但他們一路披荊斬棘，有份締造今日盛世。

另一個讓我動容的畫面，是在閱兵儀式結束後。一群表演完的年輕人，有小學生、中學生、大學生，他們和我一起步出長安街，沿途仍有參與閱兵的軍人站崗，這些年輕人一見到軍人，興奮莫名，一個個排隊上前跟他們擊掌、握手、致謝：「你們辛苦了！」、「謝謝你們啊！」

儀式已經完畢，那不是表演的一部分，那絕對是由衷之言。好多年輕人還把手上表演用的花束獻給軍人們，有女孩子說：「哎呀，我沒拿手機。」有男孩子說：「超帥啊，我也要當坦克兵。」

久違了的青春，久違了的熱血，久違了的感恩心，久違了的報國情……這些，我們丟失殆盡，或者，我們的孩子從未有過。

對先烈先輩心存感恩，對守土衛士崇拜敬仰，這種品德，一定是源於教育。對比之下，我們的孩子粗口咒罵老師父母，我們的年輕人開口「廢老」、埋口「黑警」，這種苦果，一樣，也是源於教育。而兩地製成品之優劣，早已有目共睹。

2019 年 10 月 2 日

5. 戴口罩的獨裁者

一如所料，因爲教育官員的不作爲，把開學日的罷課炸彈丟到前線教育工作者手上，於是，出現了第一個被起底被文革式批鬥的校長，相信，這類欺凌將會繼續有來。

大埔孔教學院大成何郭佩珍中學梁秋雲校長因爲敢於擔起教育大任，不當一個取悅學生的校長，結果，學校被圍堵、講話被偷錄、更被咒罵「人渣、教畜」。

或者，我們先看看梁校長做過什麼？說了什麼？

9月2日開學日，有學生要求罷課，梁校長安排罷課同學留在演講室，於是引起學生不滿。網上流傳一段學生偷錄的錄音，顯示一把疑似校長的聲音這樣說：

「你來到學校，有没有權選擇哪個老師教？選擇入哪一班？這從來都不是自由選擇。正如現在罷課，學校安排一個位置給你，你說不可以，我要選擇另一處，對不起，那不是你的自由。學生從來都没有絕對的自由，如果你覺得你一定要有自由，你唯一的自由，就是不做這裏的學生。」

無懈可擊的一番話，說得理直氣壯，可是，卻被扭曲成「依附權貴、打壓學生」，之後，有聲稱「大埔街坊及舊生」的人來到學校圍堵校長，上演他們最拿手的禁錮事件，阻止校長離去。

一校之長都沒有話事權、都沒有安排學生在哪裏活動的自由，這班所謂「為香港未來」的人倡議的，到底是哪門子的民主？

你在自己的家，幹什麼是你的自由；但你進入一個群體，就永遠不會有絕對自由。什麼時候上下課沒有自由，哪個老師做班主任沒有自由，上課坐哪個位沒有自由，幾時考試沒有自由，幾時放假也沒有自由……因為，校長也有管理學校的自由，老師也有他們教學的自由，你要自由地罷課，那不罷課同學不受干擾的自由又哪裏去了？

這次暴亂最恐怖的地方，就是一班舉着民主旗幟的人，行的卻是獨裁路：非友，即敵。那種敵，甚至要把你及你的家人置諸死地，永不超生。

黑社會有條底線：禍不及家人，但黑衣人從來沒底線，還高呼：禍必及家人。他們為了爭取自己的自由民主人權，剝奪別人的自由民主人權，甚至說話權、生存權。那種卑劣、那種失格，世間罕有。

反對派常嘲笑朝鮮，嘲笑朝鮮人的統治者是獨裁者，其實，他們才值得嘲笑。你看看，香港人一穿上黑衣戴上口罩，個個都變身大獨裁者。

2019 年 9 月 4 日

6. 政治變童癖

一個教師如果被揭發有變童癖甚至被舉報有傷害兒童的行為，即使他未犯上刑事罪行，我相信，作為校長、辦學團體以至教育局，都有責任把這危險教師逐離教育崗位，令他遠離兒童，因為保護孩子是做教育的基本條件。

同理，兩個語言惡毒至咒警「孩子活唔過七歲」、「21歲前死於非命」的教育工作者，其實跟發現一個變童癖教師的情況沒分別。真道書院的戴健暉老師和嘉諾撒聖心書院的賴得鐘老師早前所發表的言論，已經嚴重超越了做人的道德底線，更何況做老師的。

然而，今時今日今刻，這兩個道德破產的人竟然可以安然站在講壇上教授別人的孩子，除了收過一封譴責信，沒有丁點兒懲罰，整個社會整個教育系統彷彿無人奈何得了他們。

教育局長楊潤雄說，除了官校，老師的僱主是他那間學校，所以如果學校覺得老師在教學上、行為上、操守上有問題，學校是有權力因應他們的僱傭關係採取行動……

一個變童癖，炒了他並不是治本之法，東家唔打打西家，他轉到別的學校教，還不是一樣危害學生？戴健暉與賴得鐘的個案同理，學校出手不能治本，教育局出手把他們的教師執照吊銷，才能正本清源。

於是楊局長又說，根據法例，常任秘書長有權就一個人的申請給

予註册，或者在某些情況下取消他的註册。一下推手，又把波交到常秘手上。

原來，堂堂一個教育局長，炒一個老師都沒權，更何況炒兩個了。同日，我看到另一宗新聞：三日前一架由吉隆坡前往香港的航班上被發現有一個手提氧氣樽壓力偏低，懷疑被人放氣，涉事航班所有執勤人員停飛，三日後，港龍宣布兩名機艙服務員被解僱。

放一點氧氣而已，又沒人命損傷，港龍何不出封譴責信先警告一下？

答案太簡單，那不是技術問題、不是給不給機會的問題，那是超越道德底線的問題，那是彼此已失去信任的問題。服務人的職業，失了德失了信就沒資格再做下去，更何況那是一份靈魂改造的育人工程。

楊潤雄局長一次又一次說，會相信教者的專業，然而，當我們看到老師帶領着學生在玩「光復香港人鏈活動」，當我們看到五旬節中學老師帶領全班學生掩住右眼拍「以眼還眼」班相⋯⋯我可以代表千千萬萬家長、市民、納稅人告訴你，我們已經對學校、對老師失去信任，失去信心。教育局是教育資源操控者，局長請拿起你的鞭，請學習國泰港龍管理層的勇氣，把這些失德教師視作政治戀童癖，為孩子除魔趕妖，還教育一片潔淨的天空。

2019 年 9 月 25 日

7. 獨立的滋味

飯桌上，跟女兒討論一個問題：到底人性本善？還是惡？

從前，我會模棱兩可，人看到不認識的人或動物受傷倒地，會有惻隱之心，這正是性本善的表現。不過今日，我和女兒都異口同聲地贊同：人性本惡，只是我們一直透過教育、律法、規矩來壓抑人的獸性，使之不敢肆意妄為，人人才得以奉公守法、相敬如賓。當這塊壓制罪惡的包裝紙被撕開，人的惡，原來可以比野獸更醜惡。

1958 年，英國寓言《蒼蠅王》（Lord of the Flies）說的就是人性陰暗故事，小說講述一群被困荒島的兒童，在完全沒有成人、沒有律法、沒有文明的體系下，由柴娃娃荒島求生發展成野蠻暴力的權力爭奪，從而反映出人性本惡。此書是當代英文小說之經典，作者威廉・高丁更因此奪得 1983 年諾貝爾文學獎。

看到這裏，大家該會聯想到，這幾天的中文大學、理工大學、浸會大學，簡直就是一本《蒼蠅王》故事翻版，或者，某年某月的諾貝爾文學獎，會頒給一本真人真事改編的小說，叫《甲由王》。

自從那夜，警察防暴隊撤出中大，馬料水那個山頭，彷彿已成了一個獨立王國。整條吐露港公路給堵住了，整條東鐵線給破壞了，出入中大的人要徒步而行，除了指定車輛，任何汽車都不得駛近大學範圍。

幾個出入口都設了檢查關卡，有個門口還諷刺地掛着「CU 入境」

的招牌，看來已獨立成「中大國」了。入大學的人要被黑衣人搜袋查證件，他們只准持有學生證及記者證的人進入校園，因為裏面已是一個「無掩雞籠」，更是一個非法武器製造及儲存庫。

有傳媒拍得這個中大「入境安檢」的長龍要排半小時，搜查的人都是蒙面黑衣，他們是誰？是不是中大人？無人知曉，當然也無人敢反抗。他們說的就是律法，今天說「5 點後只准記者入」，明天說「6 點後只可出不可進」，連發號施令者是誰都不知曉，但大家就是乖乖的言聽計從。

教授走了、職員走了、保安走了、司機走了，一位大學管理層說，現在無人返工、無人清潔、超市不營業、飯堂也不開放。有校園保安說，連校長都不接電話，他們已不知到底誰在管治中大。

有的，中大早被黑衣人接管。他們已開始擔任保安、司機、大廚、指揮……校巴仍在開動，不過開車的都是黑衣人，他們是不是學生？有沒有校巴牌？無人知曉，也無人在乎。

昨夜，看到校園廣播新聞網發布一段「炒車」視頻，一班學生雞手鴨腳在救援，我想起《蒼蠅王》。這些大學生把自己圍成一個孤島，自立為王，那我們就該讓他們好好嘗嘗獨立的滋味。先斷網絡、再斷水電、斷食物交通、斷一切警察消防救護的求救……人性本惡，一天浪漫、兩天深情、三天吵架、四天爭權，就看看這些所謂一起擋子彈的手足能相親相愛到何時？

2019 年 11 月 15 日

8. 致理大專院院長梁德榮的信

梁院長：

你好，日前網上流傳幾段直播片段，令市民萬分驚訝，那是貴校學生在課室禁錮及凌辱貴校講師陳偉強五小時之事。當時陳老師致電報警，警察到場，但校方不允許執法者進入禁錮現場，五小時後學生把陳老師放行離開，陳堅持往警署報案。翌日，校方竟暫停了陳老師的教學職務，並安排涉事學生與院長你對話。

作為納稅人、家長、市民，我大惑不解。一個老師被一大班同學禁錮、凌辱，到頭來，為什麼被懲罰的竟是受害人？為什麼安然無恙的竟是施暴者？他們不單可逃過警方的當場逮捕，事後還能以上賓身份跟院長對談，請問，這是什麼教育原則？這是什麼法治精神？

陳偉強講師早前在媒體批評《禁蒙面法》刑期過輕，阻嚇性不足，促請政府以暴動罪來起訴暴力示威者，並指政府應出動解放軍對付示威者……一個學者的言論自由，竟惹來逾百學生湧到陳講師的課堂鬧事，要求他收回言論，並把他禁錮五小時。

在今日香港的新「文革」風氣中，謾罵禁錮老師校長彷彿已是常態，事例多到市民都開始覺得麻木，然而，這次讓人震驚的，是院長

作為教育機構的最高領導人，你竟然選擇縱容學生的罪行、懲罰老師的堅持，你們到底是在教年輕人？還是在害下一代？

我們在直播片段中看到，一班學生粗口爛舌地以嘲笑口脗向陳講師如此叫囂：

「阿 sir 你屋企使唔使裝修？我幫你免費裝修吖……」

「唔好嚇阿 sir 啦，阿 sir 好驚呀！」

「唔好瀨尿呀！」

「你好 × 驚咩？驚你唔好寫吖！」

「你咁 × 想走咪報警囉，你好 × 驚你好想走吖嘛我知道呀戀 × ！你幾十歲人未見過世面呀？未 × 見過咁多人呀？驚你就咪 × 返學啦……」

「陳偉強、食屎，陳偉強、食屎，陳偉強電話：XXXXXXXX ！」

傳媒一面倒向學生傾斜，報導輕描淡寫形容：「學生以鐳射筆射向陳偉強」，有片為證，實情是：學生以三支鐳射筆射着陳老師下體位置，然後又叫又笑：「着火喇，唔好射喇……着火！着火！着火！着火……」請問院長，這種是什麼行為？這種行為跟流氓跟黑社會有什麼分別？如果用這種語言這種行徑搞你老師的是黑社會，你會第一時間報警對嗎？為什麼同一件事由學生來做就變成意見表達、就要網開一面，甚至變成老師的錯？

有教無類不是這樣演繹的，包容學生也不是没底線的，如果你堅持「攬」這種缺品缺德的學生，你們理工大學香港專上學院的學生也將會「被攬炒」，全港僱主都會爲你這所學院的畢業生蓋上一隻暴徒的黑豬，絶不聘用。

一個香港納稅人上

2019 年 10 月 11 日

擺上枱：蒙面示威者 Last Day

9. 跳過不教的《滿江紅》

82 年前的今天，日軍的鐵蹄踏進了南京城，史上最慘烈的場大屠殺由此展開。六星期城內連續不斷的慘叫嚎哭屍橫遍野，至少三十萬軍民被日軍屠殺，無數婦女慘遭強暴，這是中國歷史上最痛的一段傷痕。

所以，今日的暴徒，請別亂套「屠殺」、「屠城」這些字，你們吃幾口催淚煙就收工去吃日式放題，這種所謂「亂世」簡直污辱了先賢，對不起死者。

上一輩老人家，因為經歷過日軍侵華戰亂，不少人對日本仍恨之入骨，那代人，好多都是打死不踏進日本國。隨著年月飛逝，更隨著歷史書的洗擦，「南京大屠殺」在香港年輕人心中只成了一道考試題，記著日子時間死多少人，就完了。

幾年前我寫過篇小文，揭示香港中學中史教科書出現的問題，就是南京大屠殺這段「國仇」，初中的中史書只用了 75 字就講完事件，反而大躍進、文革那段「家恨」，卻用了 18 頁來解説，於是大家就會明白，為什麼今日香港年輕人舉著英美日國旗都不臉紅。

問題，不單源於這代孩子有沒有中國歷史，更重要的，是他們讀的是什麼內容的國史。

香港的教育出事了，這點人人都會認同，但哪里出事？出什麼事？卻是言人人殊。好多人歸咎通識科，無可否認，那是禍首，但一科可

以毀掉一代人嗎？事情當然沒那麼簡單。

回歸後的教育改革，除了取消中國歷史爲必修科、加入通識爲 DSE 必考科目，其實，還有很多去中國化、拔中國根的行徑。譬如，中國文學不再是學生必讀科目，又譬如，中國語文的文憑試取消了範文考核。

於是，中文科再沒有欣賞作品這回事，學生天天在做大堆閱讀理解訓練，而那些讓孩子「閱讀」及「理解」的文章，沒有統一範圍，於是作品良莠不齊，有《世說新語》的故事，也有陶傑的文章。

雖然好多學校的中文科仍會保留範文教學，但因爲不考試，自然教得沒那麼給力，也盡量挑一些學生易理解的現代散文來教。我好記得，我看過女兒教科書上有課被老師列爲「略過不教」的，叫做《滿江紅》，我驚訝，這首詞於中國人來說，等於英國人讀莎士比亞的 "To be or not to be"，不可能不唸會的，而老師，卻選擇了不教。

沒有了《滿江紅》、沒有了《阿Q正傳》、沒有了南京大屠殺……沒有了中國人的養分，難怪，這一代，沒了根、沒了情、更沒了家國。

2019 年 12 月 13 日

10. 我們都是被代表

一句「遍地開花」，反逃犯條例修訂的學校聯署，一夜之間，幾何級數地增加。

雨後能生出春筍，當然是因爲，下了雨，有水分。

三日前反對派呼籲學界搞聯署，第一天只得 23 間大學大專及中學有回響，翌日，忽然飆升至 118 間，第三天已達 261 間，截稿前數目已超過 320 了，以全港 472 間本地中學來計算，已超過三分二學校加入聯署反逃犯條例之列。

然而，這是否代表全香港學界三分二人都反這條例？不見得。我先以自己的親身經驗作例，看這次聯署如何造假。

聯署的第一天，網媒《港人講地》收到中大校友傳來電郵，説收到一個叫「屈穎妍」的反逃犯條例簽名，不過因這個屈穎妍填寫的電郵地址不是個人電郵，故特來訊息核對一下。原來，有人冒用我的名字在中大校友群組聯署，因簽名時需要填寫電郵資料，冒認者沒我的個人資料，於是隨便填了《港人講地》的電郵地址，如果不是系統來郵核對，我就糊裏糊塗「被簽名」了。

昨天，保良局羅氏基金中學校長陳榮光於學校早會時宣布：因爲有學生發起反逃犯條例聯署，聯署中人被冒認，行爲屬僞造虛假文書，故已報警處理。

同日，有位羅先生向樂善堂梁銶琚書院發出澄清，說發現自己的名字在聯署名單內，羅先生重申，自己從未參與過任何聯署，看來又是一宗「被簽名」的個案。

翻查那三百多個校友聯署的學校名單，發現一個特別的名字：「匡智翠林晨崗學校」，這所位於將軍澳翠林邨的特殊學校，服務對象是輕度智障兒童，我奇怪，輕度智障的學生或校友，對複雜的逃犯條例能理解多少？

遍地要開花，需要的是大量水分。今次反對派以學校招牌、以團體、以組織來搞聯署，是一招輸人不輸陣的巧取。為什麼呢？如果搞個人聯署，一個人就得一個名；但如今用團體為單位，那就好辦了。一個人，唸過一間幼稚園一間小學一間中學一間大學，他就可以在四個不同群組簽一次名，如果，他是記者，又可以在記協聯署下多簽一個，這記者在香港電台工作，他又可在香港電台職員工會聯署下再簽，然後他家有孩子在學，於是又以家長身份多簽一個……

學校之外，有些聯署的招牌騎呢得令人發笑，譬如有：全港九新界離島師奶大聯盟、香港學生家長、澳洲港人、大埔區居民、各界航拍、運動愛好者、動漫遊戲同人界、保險界……務求做到漁翁撒網，人人有份。

已有一些學校校友會提出質疑，沒經過校友會討論及批准的校友聯署，到底代表誰？一、兩個校友就騎劫整間學校的師生及千千萬萬

校友，這叫民主？這是欺世、更是盜名。

如果有人拿學校的名字四出招搖撞騙，學校理應第一時間報警，至少也該出個嚴正聲明劃清界線。如果有人覺得被代表甚至真的被聯署，一定要向盜賊大聲說不。

在此懇請各位教育工作者挺身而出，不是爲了逃犯條例，而是爲了保護學生、守護校園，別讓政治髒水再來污染我們的孩子。

2019 年 5 月 31 日

11. 馬賽克下的白色恐怖

這幾天網上瘋傳一段短片，內容是兩個年輕人日前在灣仔稅務大樓玩電梯的情況，那是反對派搞的一連串社會不合作運動，堵完路、圍完立法會、政府總部、警察總部、入境事務處，那天又來圍堵稅務大樓。

鏡頭直播着兩個口罩男如何在電梯門口把門開開關關的把玩，直到最後有一大隻男忍無可忍，走出電梯阻止他們再作亂，而這個挺身而出的大隻男，竟是個不會中文的外地人。

大家看了把幾火，爭相轉傳，罵的都是搞破壞那幾個年輕人。也許這陣子看得太多劣行，漸感麻木，我的焦點，反而聚在電梯內一眾乘搭者。

不知該說香港人包容有耐性還是怕事？

電梯裏一眾被玩的人，對口罩男阻止着門關閉的行為，竟完全沒反應，不敢阻止，不敢責罵，不敢哼聲，連望也不敢望，香港人對惡行的逆來順受，堪稱世界第一了。

為什麼沒有人出聲出手？怕惡勢力，怕電梯外舉着機的傳媒，怕上鏡，怕公審，更怕起底。

今日社會最病態是，明明做正確的事、講正確的話，大家都怕。

網媒 HKG 報日前訪問了一個英華女校中學生，她道出學校的老師

校長如何用不同方法洗學生腦，如何在不同科目推銷反對派思維，如何透過各種機會滲進反中教育。

女同學說得有理有節，冷靜客觀，大家拍案叫絕，又紛紛轉傳。然而，我卻覺得很悲涼。一個勇敢的女孩，說正確的話做正確的事，但面目卻被馬賽克效果蒙得一塌糊塗，老實說，連不認識她的我都邊看邊為她捏把汗，心想：她會給認出來嗎？這馬賽克好像打得不夠多⋯⋯

社會應該這樣嗎？為什麼說歪理的人可以理直氣壯？說正話的人卻要偷偷摸摸？就是因為「白色恐怖」四個字。

今天反對派的白色恐怖，不只是起底批鬥謾罵，他們還會作故事屈你。你以為我光明磊落不怕被起底？他們卻用虛假的資料火速鋪天蓋地把你抹黑。

最近就活生生看到一例：反對派有個叫 Louis Yuen 的年輕人拍了段片罵父母，說不跟你一起出去遊行的父母是因為他們不愛你。視頻出街後得了反效果，為人父母的個個媽聲四起，一段宣傳片大大破壞反對派年輕人形象，於是他們立即從網上刪除此片，然後把矛頭指向著名導演李力持。

有人發現 Louis 是畢業於仁濟醫院董之英紀念中學，而李力持是該校校董，於是《蘋果日報》就找李導演問：「有傳此片出自你手筆？」李導答了句「不回應」，於是，一小時後的新聞是：「李力持不回應此片是他拍的」，再多轉傳一小時，網上流言變成「李力持承認片子

是他拍的」。

　　流言已成「事實」，「事實」變成新聞，新聞將成爲歷史。儘管你行得正企得正，他們一樣有方法把你整治，把你扳倒，這就是爲什麼沒人夠膽站出來說句公道話的最大原因。

2019 年 6 月 26 日

擺上枱：邪教的公式

12. 我們都是塘邊鶴

　　寫這篇文章的時候，已預計一定被罵，今時今日，說一點另類意見，真的需要勇氣。想說的，是近日兩宗教育界新聞。

　　那天，女兒給我看一段網上帖文，說的是跑馬地聖保祿中學中六學生，因在最後上課日聚在校門外拍照留念，被校方驅趕，學生不肯走，最後老師報了警。

　　驟眼看，簡單理解，就是學校報警驅逐校門外拍照學生，任何人第一反應都會是：有冇搞錯？使唔使咁絕？

　　翌日，果然成為新聞，網上網下都在審判，一面倒說學校不近人情，於是學校讓步，特別找一天開放校舍給中六同學回來拍照。但狙擊仍繼續，校友更發文聲討，要求校方道歉。學校最終跪低，昨天出了個公開道歉聲明。

　　我不知內情，也不知誰對誰錯，只是奇怪，怎麼從沒有人問過學生幹了什麼？拍了什麼？在哪裏拍照？如何拍照？拍了多久？中間到底出了什麼事讓老師心急到要報警？

　　不過，這些已不重要，學校道歉了，那錯的一定是你，真相無人再問津。

　　另一件事，是東華三院李東海小學的教師跳樓自殺案，當日林老師在校園六樓縱身一跳，伏屍操場，為全校孩子留下不可磨滅的陰影。

　一場集體催眠

事件發生後，全城搜刮校長，傳媒每日倒數：校長神隱五日、校長龜縮六日⋯⋯死者已不在世，校長沒發一言，但看那些「神隱」、「龜縮」字眼，公審似乎已把事件定了案。

我同樣不知內情，也不知誰對誰錯，有網民找出校長的政治取態偏黃來攻擊，有網民說是校長要赤化學校逼死老師⋯⋯塘邊鶴一個個都成了福爾摩斯。

校長或許有錯，老師更值得同情，但自毀之風不可長，難道大家都認同死在你面前這種絕望控訴？

這些話，在一窩蜂的氣氛中，注定被罵。

2019 年 3 月 13 日

第五章

我們不缺完美的人

港人講文明，通情理，卻也易受似是而非的西方價值觀蠱惑。

暴亂期間各種助紂為虐的「不割席」論、「攬炒」論，

乃至以「和你 x」之名把罪行合理化，遺害甚深。

不想受騙，就要面對社會怪象而回歸常識，是其是，非其非。

我們不缺完美的人，不缺學霸，不缺專業，缺的是肯捋起衣袖不顧一切守護這片土地的勇者。

1. 聖戰新娘的啓示

記得 15 歲的你在做什麼？大概在唸中三吧？讀書、打球、談戀愛？

然而，有三個 15 歲的英國女孩，卻吃了豹子膽。她們提着行李，瞞着家人，由倫敦出走至敘利亞，加入恐怖組織伊斯蘭國（ISIS），其中一個名叫貝居姆（Shamima Begum）的女孩，到着三星期就下嫁了 IS 戰士，四年誕下三個孩子，她們稱自己做「聖戰新娘」。

隨着這些年 IS 節節敗退，這些聖戰新娘的命運也陷入困境，和貝居姆一起逃家的兩個同學，一死一失蹤；貝居姆的丈夫亦已投降，被囚於庫爾德監獄；而貝居姆早前誕下的一子一女，亦因營養不良及疾病夭折。離家四年，剛又產下兒子的貝居姆，不想再看着孩子死在難民營，於是向來訪的英國電視台求救：希望英國政府允許她帶同初生兒子一起回國。

不過，英國政府斷然拒絕了貝居姆，並立即撤銷她國籍，褫奪她公民身份。

貝居姆生於英國，父母是孟加拉人，於是英國內政部就把這 IS 遺孤丟給孟加拉，說她有權取得孟加拉身份。孟加拉政府立即反駁，說貝居姆從未去過孟加拉，也沒孟加拉護照，她一出生就是英國公民，跟孟加拉半點關係也沒有。

一失足成千古恨，貝居姆已成了一個沒國沒家的人。

跟貝居姆處境相同的，還有另一聖戰新娘，叫穆薩納，她是在新澤西州出生的美國人，19 歲那年偷偷上了往土耳其的飛機，背着家人到敘利亞加入恐怖組織，住在拉卡地堡（Raqqa），先後與三名 IS 戰士結婚，前兩個丈夫都戰死了，現育有一 18 個月大兒子，至今離家四年了。

跟貝居姆一樣，穆薩納也有帶兒子歸國之意，她說當日被網上信息洗腦，犯下大錯：「我們餓死了，真的在吃草……我當日的決定摧毀了我自己和兒子的未來，我深深感到懊悔……

請原諒我的無知，當我決定離開時，我才 19 歲，我相信美國願意給我第二次機會，我想回家，然後永遠不會再踏入中東一步，政府可以沒收我的護照沒關係。」

不過，前天美國總統特朗普罕有地在 Twitter 發文，點名指穆薩納不是美國公民，不會讓她進入美國。

兩個聖戰新娘被洗腦後斷送一生的個案，實在值得香港孩子借鏡。這些年，我們也有年輕人被洗腦，走上激進暴力之路，他們挑戰法律、背叛國家，他們甘願做社會炸彈，危害國家安全。今天，特朗普和英國政府給大家示範了什麼是國際標準：害我國者，將被永遠掃出家門。英美如是，中國亦如是。

2019 年 2 月 22 日

2. 我們不缺完美的人

　　有位智者跟我說過這故事……

　　那是未有高鐵的年代，智者要從天津坐車到北京開會，已經有路了，但也顛簸了足足一整天。

　　智者心想，當日八國聯軍從天津進犯北京走的可能也是這條路，聯軍其實只得一萬六千多人，又適逢八月盛夏，如果，由天津到北京沿途的老百姓每人拿把鐮刀鋤頭，一起殺出來擋聯軍上京之路，歷史可能就要改寫。

　　所以，壞人的勝利，有時不一定是因為自己技不如人，而是因為欠缺團結和勇氣。

去年內地有齣非常精彩的青春片叫《無問西東》，說的是清華大學的百年故事，裏面有句對白很觸動我：「這個世界缺的不是完美的人，而是從心底裏肯付出真心、正義、憐憫和無畏的人。」

　　今日香港，歪理充斥、妖魔橫行，然而好多人就像當年天津到北京路上的沉默百姓，關上門，事不關己，反正不是來犯我，聯軍過路而已，由他們去吧，何必節外生枝、惹禍上身？

　　其實，皮之不存，毛將焉附？

　　最近，全國人大代表王敏剛因病辭世，《蘋果日報》主筆李怡寫了一篇題為「報應」的文章，他引述網民留言：「走咗一個吻肛，仲有千千萬萬個爭住吻肛……請帶多啲同路人落去陪你……」並指這些留言「真是精彩紛呈，甚有觀賞性」。

　　此文一出，全城嘩然，然而，嘩完之後，大家又再低頭掃那門前雪。無權無勢的市民在網上罵罵發洩，沒什麼可做了，但有權的人為什麼都不作聲？社會沒有公開譴責這種涼薄、沒有唾棄這種黑心傳媒，於是大家明白，為什麼大學生會在民主牆貼上恭喜別人喪子的大字報，因為當李怡形容汶川大地震死難者是遭天譴、說布吉海難是自作孽時，大家雖不接受，卻也不群起譴責，於是下一代的價值觀就被蠶食得體無完膚。

　　李怡是我的學兄，同是畢業於愛國學校，作為後輩，我不會用他的方法去踐踏不同意見的前輩，我只是好奇，一個曾經的謙謙君子，為什麼會口出毒言？為什麼會對家國恨之入骨？

這幾天，全國政協副主席梁振英在王敏剛入土為安之後發炮了，他認為社會要跟散播仇恨的《蘋果日報》好好算帳。有人說，堂堂國家領導人，何必跟無賴打「爛仔交」？我又想起，《無問西東》裏的王力宏，他是抗日時期西南聯大裏的一個超級學霸，因為家中富有，父母只想他好好唸書，什麼也不管，但王力宏卻棄筆從戎參了軍，駕着戰鬥機打日寇。

他說，眼看國破家亡，他不能袖手旁觀，清華大學老校歌最後兩句是這樣的：「立德立言，無問西東」。今日香港，表面完整，但人心道德已敗壞，天天有人說歪理，如何立德？怎樣立言？

我們不缺完美的人、不缺學霸，缺的是肯捋起衣袖不顧一切守護這片土地的勇者。

2019 年 3 月 22 日

擺上枱：港人的「雞」智

3. 爲了下一個「me too」

那是年代久遠的中學時期，有件事，很深刻，我記得很牢。

有個早上，一位女同學一進課室就飲泣，我們上前問究竟，原來她在乘巴士上學時遇到色魔。色魔在擠迫的巴士上貼着同學的背，拉開她校裙的拉鏈撫摸。同學是個害羞女孩，不敢動也不敢叫，忍到到站，衝落巴士，跑回學校，連回頭看看色魔是什麼樣子都不敢。

我們安慰之餘，也大惑不解：爲什麼你不作聲？爲什麼你不反抗？食髓知味，他之後肯定又去摸別的女孩了。

我把這舊事告訴女兒，一來教導她們要保護自己，二來要說明一個道理：息事寧人，其實也是幫兇，爲知道當年那個巴士上摸學生背脊的色魔，後來會不會成爲遺禍社會的強姦犯？

我一直牢記警官朋友的教誨：所有大賊都是由做賊仔開始。

葉繼歡不會第一單案就用 AK47，張子強不會一來就綁架李嘉誠兒子，林過雲不會第一次起色心就殺人……因爲小事小案逃出了法網，或者被啞忍被饒恕被私了，才會養出更大更失控的賊心。

於是，當看到這則報道，我就覺得不能就此罷休：基督教循道衛理聯合教會前任會長、校監盧龍光牧師早前涉性騷擾學校女職員，受害人本想報警控其非禮，辦學團體爲保循道衛理聲譽，私下成立五人調查小組冷處理，女事主改指控盧龍光性騷擾，五人小組最後裁定指

控成立，教會解除盧龍光的校監職務，没通知教育局，也没報警。

據悉女事主「感覺憤怒及不安」、「情緒低落及受委屈」，但礙於教會希望低調處理，唯有接受結果。

原來，罪行是可以私了的，那要法庭來幹什麼？原來，罪案調查可以由教會指派幾個熟人來做，那要警察來幹什麼？

五人調查小組何來？是什麼人？跟受查者有否利益關係？有沒有偵查罪案經驗？何來裁決權力？……無人知曉。原來罪犯跑進教堂就不用受法律制裁，香港幾時變成了法教合一？

作為小城唯一合法執法部門，警隊真的容許有人借神權來越俎代庖？私了的背後，會不會有利益交換？警察不管，廉政公署會不會管？平機會能不能管？報警，不單是要懲治犯事者，也是為了避免更嚴重的罪案。最重要，是尊重法治二字。今日流行的 me too，就是因為事情發生的當年，涉事者默默啞忍，知情人姑息隱惡。

與其幾十年後成為後悔的 me too，不如今天就鼓起勇氣走進報案室，為自己，也是為下一個甚至下 N 個 me too。

2019 年 3 月 15 日

4. 第一個在中國發財的美國人

有人說，特朗普是美國史上最爛的總統，我沒有研究，不敢下定論，我只是覺得，因爲特朗普毫不掩飾，我們才能看到他的荒唐他的壞，所以，不等於他是最壞，也不等於只有他壞。

中國人有兩個形容詞很精闢：真小人與僞君子，環顧 45 任美國總統，如果特朗普是真小人，那麼，同屬共和黨的第 31 任總統胡佛，該算是僞君子了。

胡佛（Herbert Clark Hoover）的名字，香港人大概會覺得陌生，其實，他是歷任美國總統之中，唯一一個懂得聽和講流利中文的人。

胡佛是個採礦工程師，1899 年，年僅 23 歲的他與大學同學結婚後，第二天便一起坐船到中國去，他們的蜜月旅行，就是往中國的路上。胡佛受聘於當地的煤礦局做技術顧問，他太太則在醫院工作。胡佛還改了一個中國名字叫「胡華」，兩個兒子都是在天津出生。

來中國之前，胡佛只是一個剛剛從史丹福大學畢業出來的黃毛小子，他唸的是地質學，做的是勘探工作。每天在加州的礦坑辛苦工作 10 小時，才掙得到兩美元日薪。難怪一獲聘到中國打工，就第一時間趕到彼邦。

胡佛一家住在天津租界，夫婦對中國的生活非常投入，很快便學

會説天津話，後來回到美國，中文更成了兩人的秘密語言，30 年後胡佛當上總統，舉凡有秘事要談，夫婦倆就會轉頻道説天津話。

1900 年，八國聯軍入侵中國，胡佛因職業關係，對天津地形有豐富認識，故曾協助八國聯軍在天津的軍事調動。

聯軍後來攻入北京，與清政府簽署了《辛丑條約》，賠款 4 億五千萬。洋人怕大清賠不起，便建議以礦山抵債。當時天津這個大清國有煤礦場年產原煤 70 多萬噸，總資産達白銀 600 萬両，礦務局怕這國家重要礦藏被洋人奪去，於是想出一個餿主意，就是跟胡佛串通，佯稱此礦業公司為外資擁有，八國聯軍便不會打這礦産主意。

當時胡佛還親手偽造了一份「租借礦務局合約」，但他卻私下把「租」字改成「賣」字，結果，礦業公司避得過《辛丑條約》的宰割，卻避不過胡佛的陷阱，胡佛和他所屬的英國公司拿着這張偽造合同，成功把我們的國有煤礦公司全部奪去。

得手後，胡佛不再留戀中國了，他把煤礦公司股份賣給比利時商人後，便帶着大量財産返回美國，並成為美國人中第一個在中國發財的百萬富翁。

胡佛以盜回來的資金，在舊金山開公司，成為商界精英，1914 年已擁有 400 萬美元財産。之後逐步踏入政界，1921 年當上商務部長，1929 年更成為美國第 31 任總統。

其間，胡佛曾在哥倫比亞大學及史丹福大學講學，1919 年更在史

丹福大學建立了胡佛戰爭圖書館，之後發展成胡佛研究所，至今仍是美國研究亞太地區事務的一個重要智庫。

　　一宗洋人侵吞中國國有資產的巨案，歷史上着墨不多，香港人大多聞所未聞。Google 一下胡佛，你甚至會看到一大段「大慈善家」的紀錄。美國總統對中國作惡，並非始於特朗普，胡佛以賊贓行善，比起特朗普的真小人行為，他更是個真偽君子。

2019 年 5 月 22 日

5. 絲路上的苦行僧

　　第一次認識絲綢之路，不是在中國地圖上，而是因爲一個日本人，他的名字叫喜多郎。

　　喜多郎是我成長那個年代的音樂巨匠，1980 年，日本 NHK 電視台深入中國內陸，探尋名聞遐邇的古絲路，拍成《絲綢之路》紀錄片，並選了喜多郎爲該片配樂。在瑰麗的文化遺跡感召下，喜多郎靈感湧現，寫成膾炙人口的不朽代表作「絲路」樂章，伴隨着令人神往的西域美景，「絲路」和喜多郎這兩個名字，一夜之間轟動全世界。

　　「絲路」之後，還創作了「敦煌」樂章，而喜多郎最爲香港人熟悉的，要算是爲香港經典電影《似水流年》創作主題曲。

　　因爲那齣紀錄片、那些音樂，世界掀起了一股絲路熱，1988 年，我還是個學生，已連同幾個好友，背起背包、掛個單反，踏上征途。由青海湖到嘉峪關，由莫高窟到吐魯番，由高昌古城到香妃墓……旅途雖艱辛，但心靈卻震撼。

　　之後再讓我關注絲路的，是一個香港商人——剛離世的王敏剛，他是第一批跑到內地開發大西北的港商。跟他做專訪，他這樣形容自己：我是絲路上第一代香港苦行僧。

　　上王敏剛的辦公室，就像走了一轉絲路，擺設都是西域搜集來的，每個物件背後都有故事。

問他為什麼覺得大漠黃沙下會有商機？他說，單是 80 年代就有逾 30 萬日本人來遊絲路，可見發展潛力之大。他到絲路城市考察過起碼 20 次，發現外國遊客絡繹不絕，而且很多是學者，對絲路上的歷史文化比我們都懂，但大西北的基礎設施卻非常落後，於是王敏剛決定，要在大西北做隻文化旅遊開荒牛。

1993 年，王敏剛在敦煌鳴沙山投資 1.5 億元建造酒店「敦煌山莊」。奠基那天，忽然狂風大作，吹垮了主席台。篤信風水的朋友說此乃不祥之兆，勸他放棄，王敏剛卻堅持留下來。開業之初，敦煌山莊即陷困境，頭幾年持續虧損，最困難的時候，帳面只得八百元，要在當地菜場賒帳。但王敏剛沒有放棄，還在絲路上不斷投資文化旅遊設施。現在的敦煌山莊，已今非昔比。

如今，絲路多了個新名字叫「一帶一路」，敦煌更是「一帶一路」上一顆重要明珠，但王敏剛這苦行僧卻在見證繁榮之後，如菩提樹下的先行者，功德圓滿，溘然而逝。

2019 年 3 月 20 日

6. 棄老傳說

好多年前，有一齣日本話題電影曾引起社會上的道德討論，它的名字叫《楢山節考》，故事說的是日本古代棄老傳說。

因爲山區太貧窮，古時日本信濃國（今長野縣）有個不成文規定，就是老人家到了70歲，就要由家人背上深山等死，避免消耗家中糧食。69歲的阿玲婆爲了讓孫子多一口飯吃，忍痛拿起石頭敲掉自己的牙，讓自己看起來蒼老一些，讓兒子早些把她丟進深山。

殘酷生存法則，不獨在日本古時、不獨在電影虛擬世界，原來，現實生活中，一樣有棄老問題。

過年那段日子，適值流感高峰期，香港公營醫院全部迫爆，當中很多留醫老人，都是來自護老院。

跟醫生們聊起，原來這已是常態，大時大節，護理員要放假，家人要旅行，於是就會用計把一些重病老人送到醫院去。入院方法很簡單，明明要吃藥的不吃，低血糖的就餵食鄰床的降血壓丸。有個更離譜，召救傷車時說老人昏迷不醒，「搶救」後發現原來被餵食了安眠藥……總之，奇招盡出，務求把「波」踢給醫護人員，大家安然過新年。

更令人髮指的，是真的有現代版「楢山節考」。醫生們說，把失智父母丟進醫院，然後留下假電話地址的，大有人在。待得老人家痊愈要出院，找遍天下，卻找不到半個親人，老人家又說不出家住哪裏，

醫院就成了棄老收容所。

昨天，政府公布了人口普查結果，香港六個人中就有一名 65 歲以上長者，數字愈來愈接近日本。今天的日本，老齡化成了很大的社會問題，他們四人中就有一個 65 歲，年輕人因供養不了家中長輩，開始有送家人到醫院及慈善機構丟棄的趨勢。

日本有一些數字更驚人，譬如自 2011 年始，他們的成人紙尿片銷量已超越了嬰兒尿片；又例如社會五分之一罪案，都是由長者所犯，大部分是偷竊入獄，目的是把監獄當作療養安老院；還有一個不知是喜還是悲的數字，就是日本 100 歲以上的人瑞已接近七萬。

香港人每次一談到人口問題，反對派就只會轉移視線去質疑每日 150 個單程證名額，而不去正視燒到眼眉的人口老化。再不正視，今日日本，就是明天的香港，楢山節考的悲劇勢將重演。

2019 年 2 月 21 日

7. 蘋果的救命草

昨日全城焦點，竟然不是巴黎聖母院大火，而是藝人許志安、黃心穎、鄭秀文、馬國明的八卦新聞。據說，那段許志安和黃心穎車內親熱片段傳出後，「黃心穎」在 Google Trend 的累積搜尋已超過 20 萬，而「許志安」更高達 50 萬，問鼎熱搜榜首，反而震撼全球的巴黎聖母院大火的搜尋，才五萬而已。

偷拍片段源出於黃媒《蘋果動新聞》，有傳言說，是司機把片段賣給《蘋果》，價格 150 萬。

大家吃着花生，為鄭秀文抱不平，為許志安宣布為此退出娛樂圈嘆息，卻忘了算一筆帳：此風何來？

其實早前《蘋果日報》已有廣告招徠「爆片爆相」，「有料到」的話，一張相甚至可值十萬。

壹傳媒用錢買新聞已非今日之事，1998 年 10 月，上水天平邨發生一宗倫常慘案，男主角陳健康因在深圳包二奶引發家變，陳妻一怒把兩兒子從住所拋落街，再跳樓自殺身亡。當時香港的媒體都爭相追訪陳健康包二奶的細節，《蘋果日報》及《壹週刊》為了爭奪獨家新聞，向陳健康提供 5000 元召妓及支付他北上開房的一切費用，並拍下獨家照片。目的，就是製造一個「世紀賤男」的故事。

事件引起公眾嘩然，記協那時大概還未成為黎智英的門生，第一

時間撲出來義正辭嚴譴責，社會也開展了傳媒道德操守的討論。《蘋果日報》老闆黎智英當時就爲買新聞的劣行公開致歉：

「本人及《蘋果日報》編採部管理層甚感不安與歉疚……（我們）求勝心切，造成嘩衆取寵之後果，犯此大錯，實在罪過。」

21 年前的社會傷害，原來一直蔓延，那篇洋洋灑灑的道歉信，不過是種掩眼法，當一個媒體公開賣廣告說要「買新聞」，已清楚表示，那只是一盤生意，那還算媒體嗎？

如果那 150 萬傳聞是真的，老實說，不貴。《蘋果日報》的網上版最近需要登記才能看到，遲些可能轉爲收費網站，很多人一看到要填個人資料，立即卻步，我相信，這陣子蘋果的點擊率一定大跌。加上近日國家領導人梁振英帶頭發起杯葛行動，呼籲廣告商不落廣告，《蘋果》這陣子，看來已進入 ICU 階段了。於是，那條許志安片，就是讓《蘋果》起死回生的靈丹妙藥，150 萬買一條救命草，不貴。

然而，那位偷拍的司機、那些爆片的編採，你們都没家人嗎？毀掉別人家庭來賺的錢，你們用得安樂嗎？此風不可長，當世界已爛到你偷拍我，我偷窺你，然後把偷窺別人的私隱拿去賣錢的時候，這社會還有道德可言嗎？

2019 年 4 月 17 日

8. 買賣私隱者

香港人很喜歡講私隱，警察監聽罪犯是私隱，買張實名登記的高鐵票是私隱，職員記錄立法會議員出席會議狀況是私隱，放個閉路電視在街角防止罪案都是私隱⋯⋯只要你不喜歡，那就是私隱。不過，如果那宗私隱夠八卦，它就會忽然換了個名字，叫大眾利益、公眾知情權。

看近日城市瘋議許志安黃心穎出軌事件，愈來愈發覺，私隱這回事，好難捉摸。

四個人的私事，誰愛誰、誰背叛誰、夠私隱了吧？卻因為主角是藝人，就成了全城人眼底下的真人騷，即使中間明顯有人侵犯私隱、觸犯法律，但大家似乎都不介懷。花生太好吃了，反正火不是燒在我身，明星的私隱，用一句「食得鹹魚抵得渴」就褫奪了，世人的焦點，繼續停留在這段四角關係誰對誰錯的辯論上。

我倒沒興趣知道這四人的故事關係如何拆解，我關注的是「安心事件」引起的恐怖社會後果。

為什麼偷錄者、私隱買賣者、私隱傳播者的道德及法律責任不被追究？

司機把客人私隱偷拍然後賣給《蘋果日報》，《蘋果日報》再把買回來的私隱鋪天蓋地傳播，如果這種行為都不是罪，如果有罪卻無

人敢執法，這就是無法無天，這就是助長偷錄販賣私隱的風氣。

我好記得一個畫面，幾年前在尖東有對情侶吵架，男的跪在女朋友面前求饒，就這樣簡單一幕，被瘋傳了好幾天，無聊網民更人肉搜索跪地男，可憐一對小情侶，因為一時躁動，就成了大批觀眾茶餘飯後笑料，他們其實都是普通人。

所以，別以為事不關己，今日《蘋果日報》天天徵集的「爆相爆片」，要的就是這些。哪一天你跟女朋友在的士上吵架，明天可能就被賣給報社老闆成為別人的笑話。

香港私隱條例有這樣的條文：私隱專員可發出執行通知，指令違反保障資料原則的人士或機構採取補救措施，不遵守者屬刑事罪行，最高可判處兩年監禁及罰款五萬。若有人認為其私隱受侵犯而蒙受損失（包括感情傷害），可向私隱使用者申索，私隱專員可代其提出法律程序及法律協助。

對於「安心事件」，我們要狙擊的不是愛情出軌者，而是犯法的偷錄人和販賣者。如果這司機與許志安有僱傭關係，買片的《蘋果日報》更可能犯下賄賂罪。

目睹罪案發生，請大家不要只按個鍵去轉發，而是該挺身而出，為公義，也是為自己的私隱，指證違法者，遏止歪風。

2019 年 4 月 19 日

9. 一條鱔的痛楚

　　來到東北大連的莊河市，適逢趁墟日，當然要湊興趕市集。坐在路邊攤喝羊雜湯的時候，看到一個嚇壞香港人的畫面，就是一張悲壯的枮布。

　　那枮上放的，是隻現宰的羊，已賣剩一條腿了，而那塊鋪在枮上宰羊的「布」，卻是一幅血淋淋的羊皮。世上有什麼景況悲壯得過在自己的皮上剁肉？

　　入鄉隨俗，那碗鮮宰羊湯確是美味，在資源短缺的窮鄉，我們不能拿香港那套標準去衡量別人，更何況，我們那套，老老實實，真有點走火入魔。

　　最近立法會那個住在雲上的公民黨離地議員譚文豪又有新猷，他說收到一位魚販求助，指活魚屠宰很殘忍，尤其屠宰活鱔時需要以尖錐插進活鱔頭部，固定魚身劏魚，感覺特別難受，故要求漁護署與《動物福利法》諮詢小組研究，如何規範魚販人道地屠宰活魚，其中一個建議，是把魚電暈才落刀，減少活魚承受痛楚的時間。

　　人道與屠宰，本來就是背道而馳的概念，這譚文豪主張人道地屠宰，這建議已屬於精神分裂級數，難得漁護署肯陪他癲，竟提出先電擊後宰殺的劏魚方法，去回應那一個魚販的感覺，忽然不解，民主到底是什麼？重視一個人的感受、無視千千萬人的意見，這是民主？

有魚販一語道破：「魚檔咁多水你嚟玩電？電死了賣魚佬又算什麼樣的人道？」

網民的回應就更精彩貼地了：

「植物都有生命，批瓜切菜之前，是否應該打場齋？」

「其實最殘忍是吃白灼蝦，下次把蝦落鑊前，應該諮詢一下隻蝦，想打麻醉針還是吃止痛藥？仲有，以後唔好畀我見到譚文豪食白灼蝦！」

港九海鮮聯合總會主席指出，生劏活魚只是觀感問題，牛、雞、豬全都是一刀放血，不過宰殺過程是在屠場進行，客人看不到，就說劏活魚殘忍，那是不公道的。

好多人說香港人善良，我倒覺得，香港人那種其實是假善良。同一個口，吃的是葷，談的是素，老實說，吃着肉責難屠宰者，我看不出當中惻隱。

2019 年 5 月 11 日

10. 移風易俗的膽量

近年出席一些紀律部隊的官方典禮，心裏總有個疑問：回歸21年了，爲什麼香港的紀律部隊無論步操、口令、儀式、布局，都仍沿用過去了的英國式？連舉手敬那個禮，都是英式禮，想想一個中國人向一支五星旗敬個英式禮，是何等荒誕的畫面。那種格格不入，就像看到一個回教徒走進教堂上香，總覺有什麼不對勁似的。

有時候，真不能太怪責這代年輕人戀殖，因爲連我們的官方機構都一直懷緬過去。每次聽到風笛吹奏，蘇格蘭格子裙飄揚，就覺得大家仍沉醉在英國人的安魂曲中，陰魂不散。

理由，是「傳統」二字，被殖民155年的傳統。英國人的蒙汗藥，果然厲害。

這疑問，這不安，在日前出席入境處學員結業禮時，得到釋懷。

那天，全體嘉賓起立恭迎處長進場後，大家正準備坐下，冷不防司儀一句：「請保持肅立。奏國歌。」老實說，我是愕然的。參加過不同的紀律部隊官方典禮，從未見過有部隊敢公然奏國歌。我用一個「敢」字，是悲哀的，一個國家的國民奏唱國歌需要膽量，實在是很悲哀的一回事。

我佩服入境處的勇氣。一直以爲入境處是紀律部隊中的最不武裝的隊伍，卻原來膽量都在骨子裏。

去年開始，香港入境事務處的學員結業典禮都以奏國歌掀開序幕，儀仗隊不單有英式步操，更結合了中國軍隊用的正步，颯颯抖擻，讓人眼前一亮。

正步的配樂更叫人驚訝，奏的竟是一曲《歌唱祖國》，此曲在建制派活動聽到不足為奇，但在政府官方場合聽到，就是絕無僅有。

其實，入境處早於回歸前的 1996 年，已派員到深圳學習國家軍隊的正步步操，一踏入 97，儀仗隊就開始表演結合正步的步操，即是在傳統英式步法中，混合了中式步操。回歸後學正步，也不再山長水遠往深圳，教官都直接到駐港解放軍的軍營裏學，然後每次結業禮，都少不了中式步操表演部分。

這次的檢閱官是行將退休的入境處副處長羅振南，他勸勉學員時有幾句話讓我很驚訝：「我們站在最前線，堅守着國家的南大門……時刻謹記以忠誠態度服務市民、維護法紀、保家衛國……」紀律部隊就是小島的武裝部隊，「保家衛國」是理所當然的，但夠膽把這四個字公開說出口的政府官員，實在不多。

移風易俗，需要莫大勇氣，希望此風由入境處開始吹起，希望終有一天我們會看到香港所有紀律部隊都會奏起國歌、操出正步、換掉那條不屬於我們的蘇格蘭格子褲，昂首承諾：我們會保家衛國！

2019 年 5 月 4 日

11. 到過長城，也未必是好漢

　　我是一個長城粉絲，有時真懷疑，我前世是不是一個守城哨兵？

　　從前出差到北京，一有空檔就會跑長城，像探望老朋友，不僅到埗拍張照打個卡，還登頂，走到無路可走的盡頭，再折返。

　　拍檔去逛街去按摩去購物，我就上長城，他們總是這樣問：「你來北京這麼多遍，没上過長城嗎？」我說：「上過幾十遍了，但不知怎的，來到北京，不看看長城不安樂。」

　　對很多人來說，長城，去一次夠了，不到長城非好漢嘛，做過了好漢，使命就完結。但於我看來，長城是走不完的，它有很多段、很多形態，單是北京就有不同風景：八達嶺長城、慕田峪長城、司馬台長城，還有甘肅的嘉峪關長城、秦皇島的山海關長城⋯⋯

　　不過論最齊全的長城，原來是在寧夏，它不僅數量多、分布廣、還有由戰國到明代的長城遺跡，難怪寧夏被譽為長城博物館。

　　這次到寧夏，走訪了一小段明長城，老實說，如果不是導賞員告知，根本没人想過那幾堆黃土原來就是古長城。

　　寧夏境內的長城跟北京看到的完全不一樣，這裏有戰國時期秦國為防止匈奴南侵建的戰國長城、隋文帝至隋煬帝為抵禦突厥與契丹修築了 27 年的隋長城、明中葉為防蒙古族侵擾興建東起鴨綠江、西至嘉峪關的萬里長城⋯⋯

1935 年，毛澤東帶領紅軍走二萬五千里長征，在寧夏翻越最後一座大山六盤山後，看到眼前古長城，感慨萬千，寫下名詞《清平樂‧六盤山》：「天高雲淡，望斷南飛雁，不到長城非好漢，屈指行程二萬。六盤山上高峰，紅旗漫捲西風。今日長纓在手，何時縛住蒼龍。」

如今北京八達嶺長城上有塊石碑刻着「不到長城非好漢」幾個大字，卻原來，當日毛澤東寫此詞時看到的，並非北京長城，而是寧夏長城。所以如果你只去過八達嶺居庸關，沒到過寧夏看長城，看來還未算好漢。

曾經在北京住過一家叫「長城腳下的公社」的酒店，坐在陽台可以看到日落長城，那種悲涼的詩意，至今難忘。寧夏境內有完整的長城歷史，其實好有條件成為北京以外的長城故鄉，倒是多心的朋友愛破壞氣氛，心寒地問：「築長城死了那麼多人，冤魂處處，住在它腳下，會不會冇覺好瞓？」我說，那就跟孟姜女促膝夜談傾天光吧！

2019 年 5 月 8 日

12. 大成功需要敵人

最近腦海常冒出這句話：「成功需要朋友，巨大的成功需要敵人。」華爲的現況，正好是此語之最佳演繹。

兩年前，認識華爲的人不多，我的三星手機剛巧壞了，因爲知道華爲有 Leica 鏡頭，決定轉用華爲。那時候，找了幾家大型手機連鎖店，華爲都只是角落裏的裝飾，連大展示櫃都上不了。朋友說：「你就算要支持國貨都買小米或者紅米啦，幹嗎買華爲？」

想配個手機保護殼，基本上是妄想，別說找有花款的，連買個透明殼都有難度，結果要上淘寶找，老實說，即使淘寶世界，手機殼仍是 iPhone 的天下。

之後故事，大家有目共睹了，全靠一個叫特朗普的網紅，替華爲做了全球免費宣傳，華爲二字，在世界第一大國的全力打壓下，瞬間竄紅。

通訊市場從來都是老外的天下，軍人出身的華爲總裁任正非在爲公司正名時，恰巧看到牆上「心繫中華，有所作爲」的標語，遂把企業取名「華爲」。

伏櫪多年，華爲因孟晚舟被捕事件一炮而紅，那種紅，不是一般的紅，是一舉成名天下知的紅，由籍籍無聞到今日無人不識，華爲全靠美國這個強大的敵人讓它平地一聲雷。

所以，人有時真的要被迫上絕路，才能成爲梁山好漢。

華爲之外，最近又有一厲害角色，因爲遇上強大敵人，將名聞於天下，她就是中國著名女主播劉欣。

早前劉欣因爲在中國國際電視台（又稱中國環球電視網，CGTN）節目内，批評美國霍士電視台女主播列根（Trish Regan）對中國的誹謗，引來列根向她下戰書公開辯論。

本來在國際媒體間沒太多人認識的劉欣，因爲一個敵人出現，頓時聲名大噪。明天就是她倆全球公開辯論的日子，我期待看她一炮而紅。其實，劉欣用英語迎戰，怎算都已經勝了一等，除非，列根也用普通話來戰一個回合。

2019 年 5 月 29 日

13. 礙在路上的沙石

任何事都有第一次，任何第一次都難以盡善盡美。我想説的，是「一國兩制」。

「一國兩制」是個精彩構思，能想出此偉大發明已經不得了，所以細節上沒可能是完璧無瑕，一切，都是摸着石頭過河，邊行邊修正。而中國人，其實是一個最懂得吸取教訓自我修正的民族。

偉大發明用了 21 年，開始浮現一些沙石，要檢討、修正，才能更行更遠。其中一塊礙在路上的沙石，叫身份認同。

過去我們太着重「兩制」，少談「一國」，於是 97 後的一代，以為自己只生於「兩制」地域，國家的身影，沒太多機會接觸，漸漸忘了；有些腦殘，甚至以為小島就是他的國。至於 97 前的一代，有些嘗過英國人甜頭，總在懷緬過去，拒絕投進母親懷抱。

我跟不同年紀的孩子談過身份認同這問題，他們會提出一連串問號，每個要用十分鐘解釋，我覺得，那就是問題了。以下隨便舉出幾個年輕人最常見的反問：

「如果我們是一國，怎麼出入境要出示證件過關口？」

「如果我們是一國，為什麼奧運亞運乜運都分別有中國隊及香港隊？」

「如果我們是一國，為什麼政府公文都是英文？考公務員只考英

文、不考普通話？」

「如果我們是一國，爲什麼紀律部隊的步操跟解放軍不一樣？」

「……」

無論你如何努力解答，都改變不了孩子的印象，因爲他們堅信，那問題就是答案。

最近看到網上流傳一視頻，是今年香港入境處的結業禮，看到畢業學員用中式步操走方陣的畫面，我終於找到一個一句 KO 的答案。

回歸 21 年了，原來香港紀律部隊中，就只有入境處會教授中式步操，其他部隊，一直沿用英式操法，重要場合，警隊還會出動風笛手、穿着蘇格蘭裙、用英文口令、敬個英式禮。難怪孩子會混淆，這土地的主人，到底是中還是英？

21 年，要懷緬已經懷緬夠了，人總要向前望，如今小島已在一國之下，將來、世世代代，永不改變，未來 29 年，是修正的日子，把「一國」放回「兩制」前面，收起那條蘇格蘭裙，給它一個最後敬禮，用中式步操的提腿步伐，重新上路吧！

2019 年 3 月 1 日

後記

是奇跡，更是民意

小書印好的日子，剛剛碰上大瘟疫，一場不明來歷的新冠肺炎，叫大家從未如此深閨過。幾個月的城市隔離，別說大小活動取消，連正常上班返學都是危機。

我的書在此段期間孕育出生，本該是噩運，沒宣傳、沒簽名活動、沒新書發布會、甚至連書店都沒開門、開門也沒人逛，這種情況下，還賣什麼書？

世事無常，偏偏，結局又不一定如你所料。

《一場集體催眠》，觸碰的是大部分香港人的疼痛神經，許多人出於義憤、出於支持、出於認同、出於表態，連書都沒翻過，就要訂，不是一本、兩本的買，是十本、二十本、五十本、一百本的訂。我都不好意思，怕大家拿書到手，發覺是在報上看過的文章，於是拼命解釋，不是新寫的書，是文章結集，可能文章熟口熟面……但大家一致支持說：「看過可以再看，買書的意義是爲了認同你的觀點，是讓你知道香港其實有很多同路人。」

訂書太多，我們沒資源逐本發送，有退休警察朋友就自動組成「運書隊」，出車出人出時間，陪我做送書速遞。有次一天跑了十

個地點，包括不同警署、不同紀律部隊宿舍，連老差骨都說，當了三十幾年差，也沒試過一天之內跑那麼多警署。

「運書隊」其實陣容很鼎盛，一位是捉拿葉繼歡等大賊的神探林桂彬退休警司，一位是1967年在沙頭角與華界民兵槍戰的港警Gilbert Jorge，他們都是堂堂警隊長官，七十多歲了，那幾天卻化身「運書工人」，幫忙爲小書奔走。他們說，你爲香港人發聲，我們能做的就是爲你給力。對這些上一代的香港建設者，我無言感激。

疫情下，大家不能飯敘，亦要保持社交距離，訂書後的交收，也讓人頭痛。

林sir幫朋友訂了幾百本書，他笑說送書過程，就像當年他面對的毒販：「我開着車，打電話給朋友說：『十分鐘後街口等！』到了，絞低車窗，我遞上書，他付了錢，交易完畢，絕塵而去，零距離，零接觸。不知者，以爲我們在進行毒品交收，哈哈，其實我們是送解毒補品。」

對，有朋友眞的視我的書爲解毒劑，大量訂購送給年輕人看。有位素未謀面的律師，一買就千多本，她說，用來送人，希望多些人看，多些人被喚醒。

有次逛書店，碰到一位讀者，直接拿了書櫃上的書給我簽名，

他說：「我早已買了此書，不過難得碰到你，再買一本有你簽名的。」有次在街遇到讀者，口罩下都能認出我，他隨手在背包上拿出我的書拿簽名，我問：「你剛買的？」他說：「不是，我天天放在背包，搭車就看，看完再看。」

對於冥頑不靈的暴徒，警察竟想到個很文明的對付方法，就是拿我書裏的文章朗讀當「極刑」。早前《蘋果日報》報道，一名因涉嫌襲擊街坊被捕的議員助理 Miss Pun，在長沙灣警署被扣留 12 小時期間所受到的「酷刑」，竟然是「警員不斷朗讀屈穎妍的著作」。

早知道香港警察文明，沒想到已文明到這個地步，就是給被捕疑犯朗讀益智文章，陶冶心靈，洗滌腦袋。如同唐三藏給孫悟空唸緊箍咒，如果朗讀都是一種極刑，那肯定是世上最溫柔的酷刑。

實在要多謝這位有才的警察，我更要藉此機會多謝每一位讀者，小書出版半年，已印到第九版了，疫情之下、政論題材，竟然有這種銷量，是奇跡，更是民意。

書　名：《一場集體催眠》（珍藏版）

作　者：屈穎妍

責任編輯：項東　新源

裝幀設計：陳汗誠

出　版：大公報出版有限公司
　　　　香港仔田灣海旁道七號興偉中心 29 樓
電　話：2873 8288

發　行：香港聯合書刊物流有限公司
　　　　香港新界大埔汀麗路 36 號中華商務印刷大廈 3 字樓
電　話：2150 2100

印　刷：美雅印刷製本有限公司
　　　　香港九龍觀塘榮業街 6 號海濱工業大廈二期 4 字樓

版　次：2020 年 7 月初版

國際書號：ISBN 978-962-582-078-1

定　價：港幣 100 元